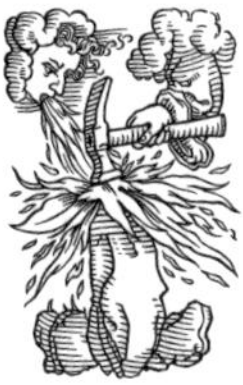

Karl-Heinz Göttert

Letzte Werke

Womit sich unsere Dichter, Musiker, Künstler von der Welt verabschiedeten

Schwabe Verlag

MIX
Papier aus verantwortungsvollen Quellen
FSC® C107574

Bibliografische Information der Deutschen Nationalbibliothek
Die Deutsche Nationalbibliothek verzeichnet diese Publikation in der Deutschen Nationalbibliografie; detaillierte bibliografische Daten sind im Internet über http://dnb.dnb.de abrufbar.

Abbildung Umschlag: Vincent van Gogh: *Weizenfeld mit Krähen*, 1890
Cover: icona basel gmbh, Basel
Satz: Dörlemann Satz, Lemförde
Druck: BALTO print
Printed in Litauen
ISBN Printausgabe 978-3-7965-4612-9
ISBN eBook (PDF) 978-3-7965-4647-1
DOI 10.24894/978-3-7965-4647-1
Das eBook ist seitenidentisch mit der gedruckten Ausgabe und erlaubt Volltextsuche. Zudem sind Inhaltsverzeichnis und Überschriften verlinkt.

rights@schwabe.ch
www.schwabe.ch

Inhalt

Vorbemerkung

Sie sind alle von uns gegangen – eine Ausnahme bildeten nur die Beatles, die sich entschieden, ein letztes gemeinsames Werk herzustellen und dann jeweils alleine weiterzumachen. Ansonsten aber, bei den Einzelkämpfern: welche Unterschiede!

Falls sich der Verdacht regen sollte, die Großen hätten sich immer mit Großem verabschiedet – Irrtum! Gewiss gibt es dies, bei Lessing mit dem *Nathan* zum Beispiel. Verdi bot zuletzt mit dem *Falstaff* eine Art Oper über die Oper. Dürer ging mit einem Gemälde in die Ewigkeit, das heute noch jeder kennt: mit den *Vier Aposteln.* Goethe war in dieser Hinsicht vielleicht das größte Glückskind, weil es ihm gelang, mit allen Plänen fertig zu werden: mit dem *Faust* ebenso wie mit *Dichtung und Wahrheit.* Man könnte auch noch Molière nennen, der selbst als Schwerkranker seinen bis heute höchst lebendigen *Eingebildeten Kranken* schrieb, dabei auf der Bühne die Hauptrolle übernahm, bei der vierten Aufführung zusammenbrach und wenige Tage später starb.

Oft war es jedoch umgekehrt: am Ende Bescheidenes, Schlichtes, fast eine Rückkehr in kindliche Zeiten, wie es ja auch der gebrechliche Körper vormacht. Haydn, der Komponist der *Schöpfung* und der *Jahreszeiten,* sollte nach Meinung seiner Gönner oder auch an entsprechenden Einnahmen Interessierter noch ein weiteres Oratorium schreiben, zum Thema des Jüngsten Gerichts. Aber er lehnte dankend ab, komponierte noch die jährliche Festmesse zum Geburtstag der Fürstin Esterházy in Eisenstadt und arrangierte ansonsten für gutes Geld schottische Volkslieder. Brahms schrieb wie vierzig Jahre zuvor zum Schluss kleine Orgelwerke. Auch Richard Strauss beendete ein Gesamtwerk voll umfangreicher Tondichtungen und Opern mit *Vier letzten Liedern.* Nicht nur bei Musikern findet man diese Form der Bescheidenheit. Erich Kästner toppte sie mit dem Niederschreiben von Gutenachtgeschichten, die er zuvor dem eigenen Sohn am Bettrand erzählt hatte.

Und dann das Thema des Unvollendeten: Schiller ging es nicht wie Goethe, er blieb im *Demetrius* stecken. Mozart arbeitete zuletzt am Auftragswerk des *Requiem,* kam bis ungefähr in die Mitte des *Dies irae,* woraufhin die Witwe einen Schüler um die Vollendung bat, um das Honorar zu kassieren – in einen kleinen Krimi endend. Auch andere starben mitten in der Arbeit oder scheiterten an hochfliegenden Plänen. Michelangelo zum Beispiel, der davon sogar den Beinamen des *non finito* erhielt. Puccini wollte unbedingt seine Oper *Turandot* vollenden, schaffte es jedoch ebenso wenig wie Jacques Offenbach mit *Hoffmanns Erzählungen.* In beiden Fällen wurden Lösungen gefunden, die die Werke aufführbar machten. Thomas Mann kokettierte mit dem Fragment seines *Felix Krull,* den er geradezu boshafterweise liegenließ. Wieder andere lieferten sich eine Art Wettrennen mit ihrem eigenen Tod und blieben Sieger: Cervantes mit dem heute wenig bekannten Roman *Die Irrfahrten von Persiles und Sigismunda,* Stefan Zweig mit seiner berühmten *Schachnovelle,* die er noch auf die Post brachte, ehe er sich das Leben nahm.

Man sieht: Beim Thema «letzte Werke» tun sich unvorhergesehene Alternativen auf. Nimmt man als Betrachter des Ganzen auch Unvollendetes als letztes «Werk» oder nur das Vollendete? Von Schillers *Demetrius* existiert eigentlich nur der erste Akt, aber der wurde später uraufgeführt – also ein letztes Werk? Was, wenn ein letztes Bild auf der Staffelei gefunden wird, an dem der Maler sicher weitergearbeitet hätte, wie im Falle von Rembrandts *Simeon mit Christuskind?* Auch ein letztes Werk? Und wie geht man mit Bach um, der zwei seiner bedeutendsten Kompositionen nicht wirklich abschloss: weder die *Kunst der Fuge* noch die *h-Moll-Messe?* Gibt es da einen Ausweg, wenn man weiß, dass er auf dem Sterbebett noch am Choral *Vor deinen Thron tret ich hiermit* arbeitete?

Und dann die noch größere Schwierigkeit: Oft weiß man nicht, was das letzte Werk war. Gerade bei Malern mit hohen Produktionszahlen treten die Schwierigkeiten auf. Als van Gogh sein Leben mit einem Pistolenschuss beendete, hatte er in den letzten siebzig Tagen achtzig Gemälde und fast ebenso viele Zeichnungen angefertigt. Niemand kann mit Bestimmtheit sagen, was genau die letzte Arbeit war. Auch bei Leonardo da Vinci ist es schwierig.

Das Universalgenie der Renaissance war ohnehin nicht nur Maler, aber als er zuletzt das Angebot des französischen Königs von einem Alterssitz annahm, packte er drei seiner Werke ein, die er immer wieder verbesserte, ohne dass man weiß, welches zuletzt. Immerhin geht es um Berühmtheiten wie die *Mona Lisa.* Auch Schubert starb plötzlich und ließ ganze Serien von Liedern zurück, bei denen nicht zu sagen ist, was das letzte war. Am ehesten die wirklich Altgewordenen lieferten in dieser Hinsicht Eindeutiges, sogar im Titel, wie der 87-jährige Günter Grass mit *Vonne Endlichkeit.* Aber auch bei denen gibt es Ausnahmen: Bei Picasso hat man den Eindruck, dass er selbst als 91-Jähriger immer weitermachen wollte. Das Ölgemälde *Liegender weiblicher Akt und Kopf* ging buchstäblich noch feucht ins Museum, als er starb.

Stellen wir zum Schluss eine andere Frage, wobei wir die angedeuteten Schwierigkeiten einfach übergehen: Sagen letzte Werke etwas aus über die Werke selbst und vor allem über deren Hersteller – bei so viel Zufall? Nicht wirklich. Aber die Vielfalt des Möglichen ist doch spannend, beleuchtet Werke und ihre Hersteller von einer Seite, die zufällig sein mag, aber diesem Zufall zwangsläufig Bedeutung verleiht. Und sei es als Bedeutung «für uns», die Betrachter, die häufig überrascht sein werden – wirklich dies zuletzt? Man erfährt ja wohl immer wieder Neues, lernt Vertrautes von einer anderen Seite her kennen. Was dann zur Betrachtung des Ganzen beiträgt, auch zum Aufräumen im eigenen Kopf. Letztlich ist das vorliegende Buch für kulturell Interessierte geschrieben, die Spaß daran haben, in ihrer Erinnerung zu kramen, was wohl bei dieser oder jener bedeutenden Persönlichkeit das Werk des Abschieds war. Und sich dann wohl häufig überraschen lassen müssen: Aha, nein, doch nicht dieses, es war das – ausgerechnet. Daher auch die Auswahl: Das Schwergewicht liegt beim gut Bekannten, bei dem Überraschungen entsprechend möglich sind.

Nicht zufällig fiel die Entscheidung, es nicht bei der Literatur oder der Musik oder der Kunst jeweils allein zu belassen – mit mehr Platz für Beispiele auf dem jeweils engeren Feld. Vielmehr ist an eine Art Wettstreit der Disziplinen gedacht. Wie stirbt es sich als Dichter, Musiker, Künstler – mit dem letzten Werk? Wie sehen letzte Werke aus, wenn man unterschiedliche Zeit zu deren Herstellung braucht? Bleibt eher etwas bei denen liegen, die lange an ihren Werken arbeiten wie in der Regel die Dichter oder Musiker? Gibt es den Aspekt des Gesamtwerks und der Arbeit daran, mit der Konsequenz, es unbedingt abschließen zu wollen? Und welche Rolle spielen für uns spätere Betrachter die Zufälle, ja Pannen? Es bietet sich insgesamt jedenfalls ein äußerst buntes Bild. Leserinnen und Leser, die sich gerne in der Welt der Kultur umsehen, werden auf ihre Kosten kommen. Wie schön, wenn sich der eine oder die andere zum Wundern anregen ließe und gelegentlich in helles Lachen ausbräche über richtige und falsche Vermutungen.

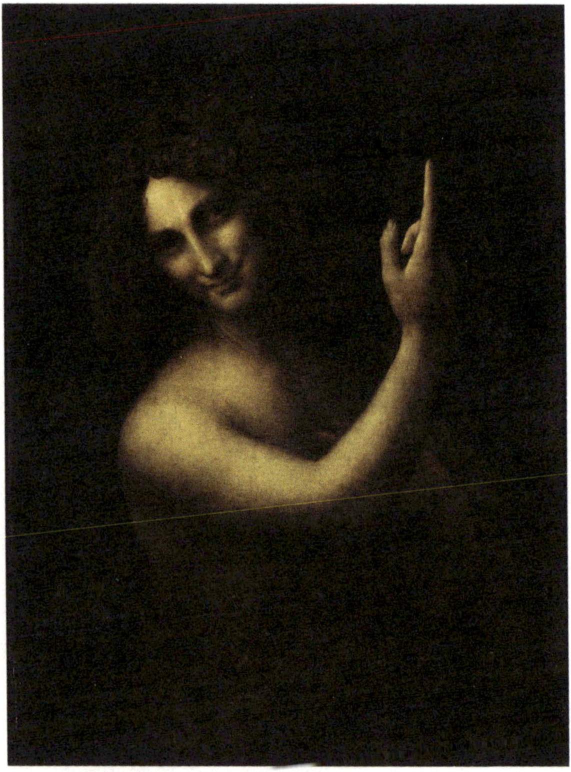

Männliches Lächeln

Leonardo da Vinci: *Johannes der Täufer*, 1516

Er muss sie als seine besten Ölgemälde betrachtet haben, die er bis ans Ende seines Lebens bei sich behielt, wenn auch vielleicht nur als Kopien: *Mona Lisa*, *Anna selbdritt* und *Johannes der Täufer*. Sie sind auch später nur zeitweilig getrennt worden, hängen nun im Pariser Louvre, wo allerdings die Gunst des Publikums oder auch nur die Häufigkeit des Handyklickens mehr als geteilt ist. Leider gibt es kaum hieb- und stichfeste Kriterien der Datierung, obwohl die Kunsthistoriker alles Bedenkbare bedacht haben. Allenfalls die Entstehung lässt sich fassen: *Anna selbdritt* vielleicht schon 1499, *Mona Lisa* möglicherweise 1503, *Johannes der Täufer* etwa 1513. *Johannes der Täufer* wäre also das letzte Werk, das Leonardo da Vinci begann, aber niemand weiß genau, woran er zuletzt noch arbeitete, denn diese Arbeit zog sich hin, *Anna selbdritt* wurde nie wirklich fertig, wie man am Mantel der Maria sehen kann. Es spricht einiges dafür, dass es *Johannes der Täufer* war, dem seine letzte Aufmerksamkeit galt. Dass er die drei Bilder mit nach Frankreich nahm, ist dagegen gut belegt: Er hatte sie einem Kardinal gezeigt, der darüber berichtete.

Anna selbdritt: die Darstellung von Anna zusammen mit ihrer Tochter Maria und deren Sohn Jesus, ein beliebter Bildtypus in der Renaissance. Ein Kloster könnte es als Altarbild in Auftrag gegeben haben. Interessanter, wenn es wirklich der französische König Ludwig XII. gewesen wäre, der 1499 in Mailand das Bild bestellt hätte, weil seine ihm frisch angetraute Ehefrau Anna hieß und die heilige Anna als Schutzpatronin der jungen Eheleute gilt. Wer eher glaubt, Leonardo habe das Bild von Anfang an nur für sich selbst gemalt, wird möglicherweise der abgehobenen Interpretation von Sigmund Freud auf den Leim gehen, der darin alle Geheimnisse von Leonardos Homosexualität herauslas. Da ist es schon besser um die *Mona Lisa* bestellt, bei der Giorgio Vasari, der erste große Biograph der Kunstgeschichte, die Florentinerin Lisa del Giocondo als Modell und ihren Ehemann als Auftraggeber ausmachte, was im Jahre 2008 durch den Fund einer Kanzleieintragung bestätigt wurde, ohne dass damit andersartigen Spekulationen ein Ende bereitet worden wären.

Im Falle von *Johannes der Täufer* konzentriert sich die Aufmerksamkeit auf Leonardos Tätigkeit in Rom in den Jahren 1513 bis 1515, als er in den Diensten des Vatikans stand. Möglicherweise hatte Papst Leo X. aus dem Geschlecht der Medici den Auftrag gegeben, zumal es zwei handfeste Gründe dafür gibt: Johannes war der Schutzpatron von dessen Heimatstadt Florenz und zugleich der bürgerliche Vorname – Leo X. hieß Giovanni. Weiter könnte man spekulieren, dass sich dieser Papst, unter dem übrigens im fernen Wittenberg die Reformation ausbrach, als eine Art neuer Johannes sah, als einen von Gott gesandten Verkünder des Lichts. Als Raffael, Leonardos Konkurrent in Rom, ein Porträt Leos X. im Kreis seiner Kardinäle anfertigte, lag auf dem Tisch vor ihm eine aufgeschlagene Bibel mit dem Beginn des Johannes-Evangeliums, wo vom «Zeugen des wahren Lichts» die Rede ist. Weiter schuf Raffael zusammen mit Giulio Romano zwischen 1517 und 1520 einen *Johannes* mit einem erhobenen Zeigefinger, der derart an Leonardos Bild erinnert, dass man von einer Kenntnis ausgehen möchte. Womit dann zugleich etwas Verwertbares für die Datierung abfiele: Leonardos *Johannes* entsprechend etwas früher.

Johannes und Leo X. – das mag einiges erklären oder wenigstens wahrscheinlich machen. Im Übrigen ist die Situation kompliziert, ja vertrackt. Leonardos Aufenthalt in Rom endete unschön, man schnitt ihn, zog ihm andere Künstler deutlich vor. Dabei könnten die Leichensezierungen eine Rolle gespielt haben, die Leonardo lebenslang praktizierte und in Skizzen festhielt, um mit den daraus gewonnenen Anatomiekenntnissen eine Grundlage für realistische Abbildungen zu bekommen. Jedenfalls verließ er Rom, ging für eine Zeit in seine alte Heimat nach Florenz, wo er dann mit dem jungen französischen König Franz I. zusammentraf, der ihm das Schloss Clos Lucé in Amboise als Alterssitz anbot – freie Unterkunft zusammen mit seinen beiden wichtigsten Schülern und Helfern sowie mit einem beträchtlichen Salär. Leonardo schlug ein, zumal nach einer Erkrankung sein rechter Arm gelähmt blieb, bei ihm nicht ganz so schlimm, weil er Linkshänder war. Untätig blieb er jedenfalls nicht, sondern diente seinem König mit dem Talent, das er immer neben der Malerei betrieben hatte: mit der Ingenieurskunst – übrigens auch so eine Tätigkeit, derentwegen er verschrien war, nämlich als Magier. Bei der Ausstattung von Festen war er als Maschinenbauer gefragt, daneben arbeitete er an Plänen für einen neuen Palast und half beim Bau eines Kanals, der die Loire mit der Saône verbinden sollte.

Was festzustehen scheint: An neue Ölgemälde machte er sich nicht mehr, wieweit er an den mitgebrachten alten arbeitete, ist pure Spekulation. Allerdings bot die von Leonardo ins Extrem getriebene Technik des sogenannten *sfumato*, des «Verschwimmens» klarer Konturen in einem fast übergangslosen Hell-Dunkel dafür die Möglichkeit. Was Leonardo als Ingenieur beim Konstruieren von Brücken oder Fluggeräten beschäftigte, beschäftigte ihn auch beim Experimentieren mit Farben und Firnissen in immer neuen Schichten übereinander, die sanfte Übergänge in fast monochromer Umgebung erzeugen. Die *Mona Lisa* lebt davon, aber eben auch, ja wenn nicht noch mehr *Johannes der Täufer*. Fast sieht man nicht den Fellmantel, den der Einsiedler über den Schultern trägt, fast auch nicht den Kreuzstab, den er mit der Linken an die Brust drückt. Umso klarer hebt sich dann der auf den Himmel deutende Zeigefinger der Rechten ab, verbunden mit einem lächelnden Gesichtsausdruck, der den Zuschauer auf die Zeigegeste hinzuführen scheint – ein Lächeln übrigens, das dem der *Gioconda,* der «Heiteren», in nichts nachsteht.

Nichts Neues also mehr in Öl. Aber gemalt hatte er offenbar ständig, nach dem Tod lag ein riesiges Werk vor, Konvolute voller Skizzen und Zeichnungen. Nach seinem Testament erbten die Diener und Schüler ein Hospital in Amboise und seine Halbbrüder in Florenz den Nachlass. Die großen drei Ölgemälde, heute das mit Abstand Wertvollste, wurden später verkauft. *Johannes der Täufer* ging zwischenzeitlich an den englischen Hof, von dort wieder an den französischen unter Ludwig XIV. zurück, ehe er im Louvre seine letzte Aufbewahrungsstätte erhielt. Ein prestigestärkender Raub wie der der *Mona Lisa* zwischen 1911 und 1913 blieb ihm erspart oder fehlte zum Eingang in die Ewigkeit. Dafür kann man dieses Gemälde, das mit 69 Zentimeter Höhe übrigens noch ein wenig kleiner ist als die 77 Zentimeter hohe *Mona Lisa,* heute mit sehr viel größerer Ruhe betrachten.

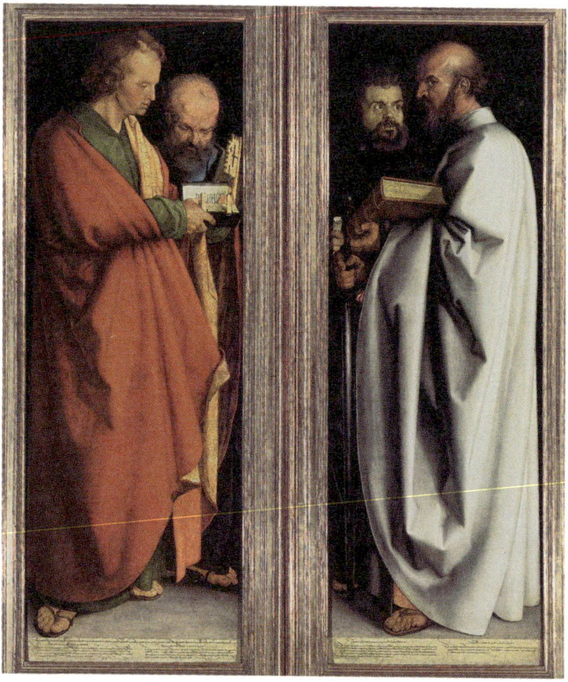

Kurfürstliche Erpressung

Albrecht Dürer: *Die vier Apostel*, 1526

Was genau Dürers letztes Bild war, ist nicht ganz geklärt. Vielleicht war es das *Bildnis Johann Kleeberger*. Es könnte aber auch eines seiner wichtigsten, berühmtesten und von seiner Entstehung her auf jeden Fall spannendsten Gemälde gewesen sein: *Die vier Apostel* auf zwei monumentalen Tafeln. Jedenfalls wurden beide Kunstwerke 1526 fertiggestellt, letzteres auf den Tag genau hinsichtlich seiner Übergabe datierbar, nämlich am 6. Oktober.

Dürer starb knapp zwei Jahre später, war schon lange schwer erkrankt (Malaria von einer Reise in die Niederlande?), blieb trotzdem weiter aktiv, allerdings zuletzt nicht in der Malerei, sondern auf seinem zweiten Arbeitsgebiet, der Theorie. 1527 erschien in Nürnberg seine Befestigungslehre, wonach die Ulmer ihre Stadtmauer errichteten, postum 1528 kamen seine *Vier Bücher von der menschlichen Proportion* heraus. Und vorher eben *Die vier Apostel*. Einmal kein Auftragswerk zum Geldverdienen wie die vielen Porträts, auch kein tausendfach abziehbarer Holzschnitt wie der *Hase*, der ebenfalls seinen Geldbeutel füllte. Nein, ein Ölgemälde in zwei Tafeln als Geschenk an den Nürnberger Rat, eine «Gedenktafel», wie er es selbst nannte, etwas zur Erinnerung nicht an ihn, sondern an gewisse Pflichten von Stadtherren in wilden Umbruchszeiten.

Genauer: in Reformationszeiten. Die Dürer-Stadt war die erste außerhalb Sachsens gewesen, wo Luther früh gelesen und verehrt wurde. Hier nämlich befand sich ein Humanistennest, wie es auch Wittenberg war, aber in völlig anderer Größenordnung, nicht mit 2 oder 3 Druckereien, sondern mit 21. *Von der Freiheit eines Christenmenschen,* eine der drei großen Reformationsschriften Luthers aus dem Jahre 1520, war hier gedruckt worden. Christoph Scheurl, einer der politisch wie intellektuell führenden Gestalten, hatte die *95 Thesen* ins Deutsche übersetzt. Als dann der Papst 1520 die Bannandrohungsbulle herausgab, wurden neben Luther als Hauptfiguren zwei Nürnberger Humanisten genannt, darunter der bekannte Willibald Pirckheimer. Was wohl die wenigsten wissen: Als in Nürnberg der anfängliche Mitarbeiter Luthers, genannt Karlstadt, auftrat und einen Traktat veröffentlichte, in dem er wie Luther die Kommunion unter beiderlei Gestalt, also außer mit dem üblichen Brot auch mit Wein, vertrat, widmete er diese Schrift einem der «Intellektuellen» der Stadt – Albrecht Dürer.

Genau hier liegt der oder jedenfalls ein Ursprung des Bildes, wenn man die reichlich verflochtenen Wege zu ihm verfolgt. Dürer gehörte als Mitglied des Nürnberger Humanistenklubs zu den Sympathisanten dieses gefährlichen Luther. Und Dürer bekannte sich früh öffentlich dazu, mit einem Bild, das damals jeder sofort entziffern konnte. Auf dem Holzschnitt des *Abendmahls* von 1523, knapp dreißig Jahre nach dem von Leonardo da Vinci, erkennt man auf dem sonst völlig leeren Tisch unübersehbar und skandalträchtig einen großen Kelch – Karlstadts Kelch. Damals war Nürnberg noch eine katholische Stadt, interessiert an diesem fernen Luther, aber treu zum katholischen Kaiser als Oberherrn stehend. Dann folgte 1525 ein spektakuläres Religionsgespräch zwischen Vertretern beider Seiten mit dem Ende, dass man in Nürnberg die Reformation einführte, katholische Messen verboten wurden. Ein Jahr später trug Dürer seine *Apostel* ins Rathaus, in die «Regimentsstube».

Was war daran so «protestantisch»? Alles. Es beginnt mit den Aposteln, die nicht wirklich alle Aposteln sind, nur Johannes und Petrus. Paulus nannte sich später selbst so, und Markus war «lediglich» Evangelist. Aber so «lesen» sich die Bildtafeln nicht. Es geht nämlich letztlich um diejenigen, die «geschrieben» hatten, genauer: die *Bibel* geschrieben hatten, für Luther das einzige Fundament des Glaubens. Von Johannes stammte für Luther das «wichtigste» Evangelium, von Paulus stammten die «wichtigsten» Briefe – Luther verunglimpfte andere als «strohern». Markus ist der «erste» Evangelist und Petrus der «erste» Apostel. Außerdem hält Petrus ein Schwert in der Hand, gegenüber Paulus mit einem dicken Buch, das nur die Bibel sein kann. Für jeden Protestanten war das aufzuschlüsseln als das Nebeneinander von geistlicher und weltlicher Gewalt. Die Ratsherren sollten es sich hinter die Ohren schreiben.

Und sie bekamen mehr davon, mehr von diesen Winken. Auf einer unteren Tafel waren vier Bibel-Sprüche aufgezeichnet, darunter die Warnung vor «Schriftgelehrten», die gerne «in langen Kleidern» gehen – etwas gegen eingebildete Kleriker. Weiter ist von «Verführern» bei der rechten Lehre die Rede – klar, dass der Rat seine eingeschlagene Linie gegen alle Widerstände einhalten sollte. Und so weiter.

Nur kam es letztlich nicht zu dieser gemalten «Predigt» im dafür ausersehenen Saal. Denn das Bild, in dem schon ein erster Zeitgenosse die vier Apostel als Darstellung der vier Temperamente herauslas, gefiel dem Kurfürsten Maximilian I. von Bayern so gut, dass er es sich – mit leisen Drohungen unterstützt – für sein eigenes Kabinett ausbat. Der eingeschworene Katholik nahm also das protestantische Bild an sich und ließ lediglich die Tafeln mit den allzu deutlichen Bibel-Versen in Nürnberg zurück (die erst 1922 wieder restauriert wurden). Dabei war auch die Lesart mit den Temperamenten letztlich «protestantisch»: mit einem sanguinischen (damals dem am positivsten gesehenen Temperament) Johannes, einem cholerischen Markus, einem phlegmatischen Petrus und einem melancholischen (dem typischen Temperament der Gelehrten) Paulus – insgesamt eben eine Darstellung der neuen Hierarchie unter den Gründern des Christentums.

Der Rat nahm übrigens das Bild offiziell an, bezeugt durch eine großzügige Bezahlung. Der alsbaldige Abschied von den beiden Tafeln muss ihm nicht nur deshalb schwergefallen sein. Es war ein Abschied für immer. Auch heute noch hängt das Bild in München, nicht mehr in herzoglichen Gemächern, sondern in der Alten Pinakothek. Die Tafeln sind so etwas wie die Nofretete oder die *Mona Lisa* des Museums. Man kann es verstehen, wenn man in diese Gesichter schaut.

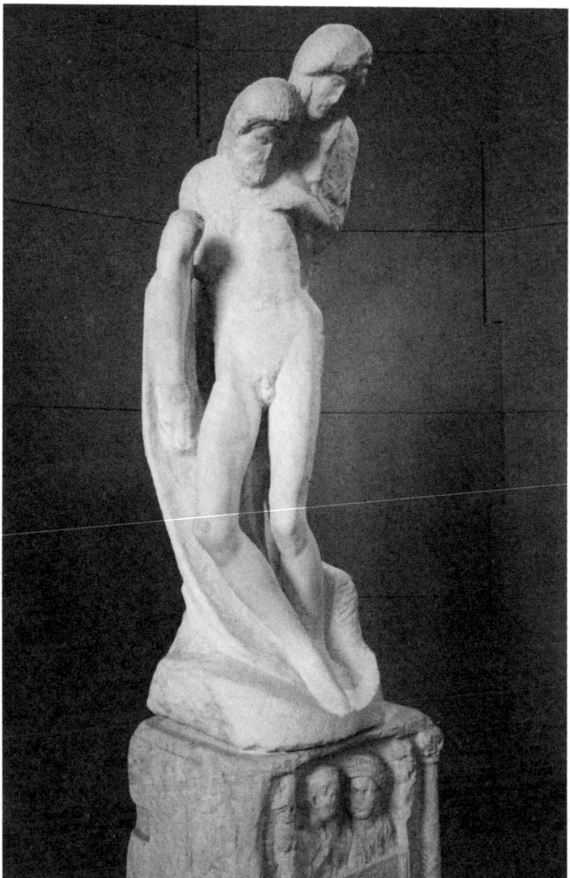

Vor Warnung gewarnt

Michelangelo: *Pietà Rondanini,* 1564

Möglich, dass Michelangelo die *Pietà Rondanini* wirklich vollendet hätte, wenn er nicht an den Folgen einer Lungenentzündung gestorben wäre. Es ist jedenfalls sicher bezeugt, dass er in den allerletzten Tagen seines Lebens, mit 89, daran arbeitete. Der große Biograph der Renaissancekünstler, Giorgio Vasari, berichtet, dass Michelangelo auch nachts nach Hammer und Meißel griff, wenn er nicht schlafen konnte – eine Form von «Raserei». Wir haben es also wieder einmal mit einem unvollendeten Werk zu tun, aber auch mit einem besonderen. Michelangelo galt schon früh, und nicht nur bei seinen Kritikern, als der *non-finito,* der «nie Fertigwerdende». Was wäre, wenn es in diesem Fall nur aus einem anderen Grund zuträfe? Wir müssen uns zur besseren Einschätzung die künstlerische Biographie dieses *non-finito* ansehen und werden dabei fast zu Betrachtern des Lebenswerks.

Die spektakulärste Geschichte – ein Zeitgenosse sprach von einer «Tragödie» – ist beim *Grabmal für Julius II.* zu erzählen. Vierzig Jahre hatte er daran gearbeitet und es dann unfertig seinen Mitarbeitern übergeben. Dabei bezeugte er zwischendurch immer wieder den festen Willen zur Vollendung. Vertrag für Vertrag wurde geschlossen, aber letztlich nicht gehalten. Der Start war 1515, als der damals schon betagte Papst Julius II. das Werk in Auftrag gab, wobei er an eine Aufstellung in der Ostapsis des Petersdomes dachte – nicht in dem, den wir heute kennen, sondern in der geplanten Wiedererrichtung von Alt-Sankt-Peter. Der Papst starb, ein neuer kam, aber auch ein neuer Plan für die wichtigste Kirche der Christenheit. Das mittlerweile in riesigen Dimensionen geplante Grabmal musste weichen, bekam als neue Kirche S. Pietro in Vincolis, nach der Aufbewahrung der Ketten, mit denen Paulus einst gefesselt worden sein soll. 1532 wurde der neue Vertrag geschlossen und Michelangelo legte los.

Von den geplanten fünfzig Großfiguren begann er mit dem Moses, vielleicht der bedeutendsten, nach dem frühen David auch berühmtesten Plastik Michelangelos überhaupt. Die Figur stellt den Führer des Volkes Israel dar, muskulös, mit den Hörnern, die sich übrigens nicht dem heidnischen Pan, sondern einem Übersetzungsfehler verdanken, weil Hieronymus einst statt *coronatus* («gekrönt») *cornutes* («gehörnt») in seine Bibel geschrieben hatte. Julius war zu seinen Lebzeiten als neuer Moses gefeiert worden, der sein Volk zum Heil führt, daher die Idee, ihn ins Zentrum des Grabmals zu stellen. Von den zahlreichen umgebenden Figuren schuf Michelangelo selbst nur die beiden direkt neben Moses, Rahel und Lea als *Vita activa* und *Vita contemplativa*, als tätige und meditative Seite des Papstes. Dieser selbst, der gerade aufwacht und das Jüngste Gericht erwartet, stammt ebenso wie die ihn umgebenden Figuren (Madonna mit Kind, Prophet und Sybille) von Michelangelos Mitarbeitern. Der Meister selbst hatte noch an den beiden Sklaven gemeißelt, die das Heidentum verkörpern sollten, aber unfertig blieben und heute im Pariser Louvre gezeigt werden («Louvresklaven»).

Nicht Michelangelo allein war im Übrigen schuld an Verzögerung und mangelnder Vollendung. Weil Clemens VII. ein Medici war, zwang er Michelangelo zum Bau des eigenen Grabmals in der Kapelle von S. Lorenzo in Florenz. Und auch der nächste Papst, Paul III., verbot ihm zwischenzeitlich die Arbeit, weil er ihn für die Fertigstellung des *Jüngsten Gerichts* in der Sixtinischen Kapelle brauchte. 1545 war in Rom die Einweihung des Julius-Grabmals gewissermaßen in abgespeckter Form. Aus ganz Italien und auch aus Europa kamen sofort begeisterte Besucher. Der Strom riss niemals ab. Erwähnt sei nur Sigmund Freud, der sich den Moses wiederholt ansah und den berühmten Aufsatz schrieb, in dem er diesen als Ägypter deutete, den die Juden ganz nach der Theorie des Vatermords umgebracht hätten – das Urbild aller Neurosen.

Womit wir wieder zu Michelangelo zurückkehren und seine beiden letzten Werke betrachten, die nicht fertig wurden. Dabei handelt es sich jeweils um eine *Pietà,* also um die Darstellung von Maria, die den toten Christus auf ihrem Schoß beweint – ein außerordentlich verbreitetes Bildmotiv in der christlichen Kunstgeschichte. Michelangelo hatte mit der römischen *Pietà,* die jeder Besucher beim Betreten des Petersdomes sogleich rechts erblickt, die klassische Version in Vollendung geschaffen. Damit begnügte er sich nicht mehr. Schon die *Pietà* von 1550, die heute im Dom zu Florenz steht, erhielt zu den Hauptfiguren zusätzlich nicht nur eine weitere Maria, über die in der Passionsgeschichte auch berichtet wird, sondern sogar in einer alle überragenden Größe einen Nikodemus, von dem die Passionsgeschichte erst später handelt, bei der Einbalsamierung im Grab. Noch wichtiger: Dieser Nikodemus trägt die Gesichtszüge von Michelangelo, wobei man wissen muss, dass dieses Werk sein eigenes Grabmal schmücken sollte. Umso erstaunlicher, dass es nicht vollendet wurde, das linke Bein von Christus fehlt.

Und so machte sich Michelangelo noch ein letztes Mal ans Thema, wieder für sein eigenes Grabmal, aber diesmal in geradezu provozierender Abwandlung. Denn während bisher Maria stets den toten Christus im Schoß oder ihn wie in der Florentiner *Pietà* wenigstens als gebrochene Gestalt in den Armen hielt, steht der Christus der *Pietà Rondanini* (benannt nach ihrem ersten Besitzer, heute im Castello Sforzesco in Mailand) nun aufrecht vor ihr – ein nackter Körper, dahinter die ebenfalls stehende Maria, die einen Arm auf die Schulter des Sohnes legt. Mehr noch: Nicht Maria stützt Christus, sondern eher Christus Maria, womit dieser in einer Weise «aktiv» wird, die einer Umdeutung des Geschehens gleichkommt. Und so formierte sich später die Kritik am «ungezügelten Subjektivismus» des Schöpfers. Jakob Burkhardt warnte gar davor, sich das Werk eines «Gescheiterten» anzusehen. Dass es unvollendet blieb, wäre danach nur zu begrüßen gewesen.

Das wird heute niemand mehr so sehen. Dagegen spricht auch, dass Michelangelo mehrere Jahre daran gearbeitet hatte, buchstäblich bis in die letzten Lebenstage. Während er seit seiner Bestallung zum Architekten des Petersdomes 1547 im Prinzip den Meißel aus der Hand legte und statt der anstrengenden Arbeit lieber Zeichnungen bzw. Entwürfe anfertigte, machte er bei dieser fast 2 Meter hohen Figurengruppe, übrigens aus einem einzigen Marmorblock gehauen, eine Ausnahme. Mehrfach griff er korrigierend ein, entfernte schon Fertiges, wie man es beim rechten Arm vermutet. Man kann also von einem Ringen um Vollendung sprechen, die dann nur durch den Zufall des Todes im Februar 1564 nicht zustande kam. Vor einer Warnung darf jedenfalls gewarnt werden.

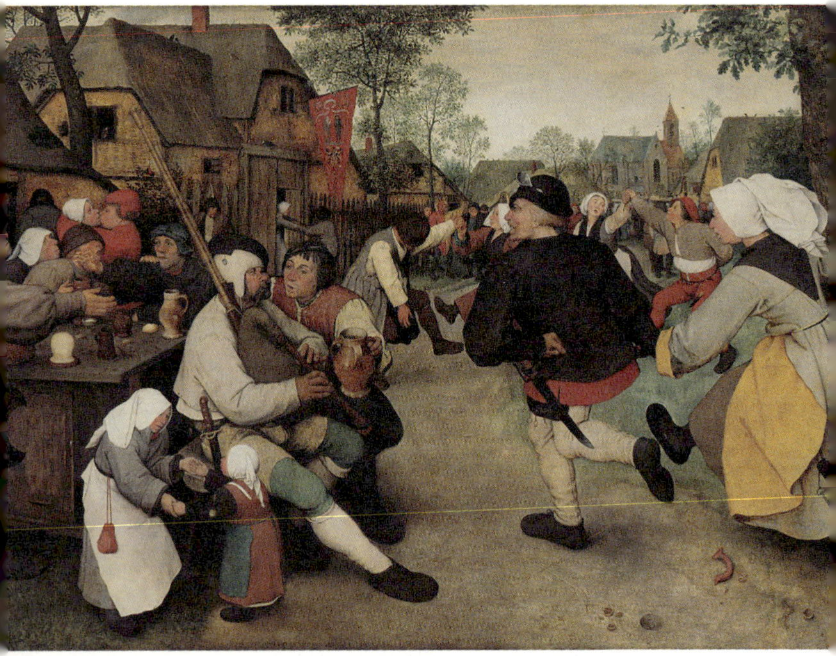

Warum Bauern?

Pieter Bruegel der Ältere: *Der Bauerntanz,* 1568

Beim Namen Bruegel (auch Brueghel, aber er selbst schrieb sich später ohne h) muss man genau hinsehen, wenn man mit den vier Generationen Malern zurechtkommen will. Stammvater ist Pieter Bruegel der Ältere, zur leichteren Unterscheidung «Bauern-Bruegel» genannt – von ihm als dem Erfolgreichsten von allen soll hier die Rede sein. Sein namensgleicher Sohn Pieter Bruegel der Jüngere gilt als «Höllen-Bruegel», dessen Bruder Jan Bruegel der Ältere als «Blumen-Bruegel». Von den weiteren Generationen sei geschwiegen, um die Verwirrung nicht zu steigern. Die ersten beiden Generationen müssen jedoch zusammen genannt werden, weil sie zusammenarbeiteten. Pieter der Jüngere reproduzierte fast ausschließlich Gemälde des Vaters, weil sie gefragt waren, Jan der Ältere entwickelte sich selbständiger und arbeitete dabei mit mehreren Kollegen zusammen, darunter keinem Geringeren als Peter Paul Rubens – dieser zuständig für die üppigen Nackten, jener für Landschaften und Blumen. Wer das letzte Bild des Vaters sucht, bekommt es jedenfalls mit der Frage zu tun, ob nicht doch einer der Söhne infrage kommt. Die Forschung hat alles getan, um Ordnung zu schaffen. Es gibt für zahlreiche Bilder den Nachweis, wann der Baum, der die Bretter für die Unterlage lieferte, frühestens bzw. spätestens gefällt wurde. Und am Ende weiß man doch nichts Genaues, zumal die Bilder, wenn überhaupt, nur mit dem Nachnamen signiert sind. Ich entscheide mich für den *Bauerntanz,* der zumindest ins letzte Jahr vor dem Tod Pieters fällt und zum «Bauern-Bruegel» bestens passt.

Natürlich ist der «Bauern-Bruegel» eine Schublade, in die keineswegs alles passt. Religiöses gibt es auch in großer Zahl unter den insgesamt etwas über vierzig sicher zugeschriebenen Bildern: den *Kindermord von Bethlehem,* die *Anbetung der Könige,* sogar in Sommer- und Winterlandschaft, die *Volkszählung in Bethlehem,* weiter einen dramatischen *Höllensturz* mit gewissen Anleihen an das auch sonst nicht unwichtige Vorbild Hieronymus Bosch oder eines der bekanntesten Gemälde überhaupt: den (großen, es gibt auch noch einen davon abweichenden kleinen) *Turmbau zu Babel.* Was diese Bilder jedoch mit den anderen eint, ist etwas rein Formales: die große Anzahl der Figuren. Schon Albrecht Altdorfers *Alexanderschlacht* eine volle Generation zuvor zeigte eine Unzahl von Soldaten um die Hauptfelden mittendrin, aber das Bild maß auch 158 mal 120 Zentimeter. Bruegels *Turmbau zu Babel* hat zwar fast die gleichen Maße, aber es ist noch wesentlich kleinteiliger gearbeitet, am Rande dessen, was man gerade noch identifizieren kann. Man sieht zum Beispiel nicht nur den riesigen Turm, sondern auch die Kräne, die zum Bauen gehören, sogar drei Männer, die in einer

Trommel laufen, um eine Last in die Höhe zu befördern. König Nimrod, der nach der biblischen Erzählung die unselige Aktion befahl, beaufsichtigt im Vordergrund den Steintransport vom Wasser her, wo die Schiffe mit dem Material anlanden. Der *Selbstmord Sauls,* ebenfalls ein Schlachtengemälde mit einem ganzen Wald von Lanzen samt ihren Trägern, beträgt nur 33,5 mal 55 Zentimeter.

Den Höhepunkt in dieser Hinsicht bieten Bilder, die in der Tradition einmalig sind – man könnte geradezu von der Erfindung des Wimmelbilds sprechen: *Die niederländischen Sprichwörter* und *Die Kinderspiele.* Bei den *Sprichwörtern* finden sich auf 117 mal 163 Zentimetern um die 120 Beispiele, darunter «durch die Finger sehen», «gegen den Mond pissen», «mit dem Kopf gegen die Wand rennen», «auf glühenden Kohlen sitzen», «zwei Fliegen mit einem Schlag treffen». Bei den *Kinderspielen,* 118 mal 161 Zentimeter, sind es genau 91, die alle in kleinen Gruppen dargestellt sind, insgesamt 250 Kinder, die sich mit Kreiseln, Steckenpferden, Puppen und so weiter vergnügen – natürlich eine Fundgrube für Volkskundler. Nicht ganz so bevölkert, aber auch immer reichlich mit Akteuren oder Statisten ausgestattet, sind fast alle anderen Bilder, die religiösen etwa, bei denen die biblischen Szenen samt und sonders mit Figuren in flämischer Kleidung und typisch flämischen Aktionen auftreten, wenn die Kinder bei der *Volkszählung* etwa Schlittschuh laufen, während die Eltern anstehen, um ihre Steuer zu entrichten. Auch die Landschaftsszenen, die in einem Monatszyklus angelegt sind, bieten sich niemals leer dar: Man kennt vielleicht *Die Jäger im Schnee* oder *Die Heuernte.*

Womit eine Überleitung zu einem Hauptthema gegeben wäre: Denn vielfach waren es Bauern, die Bruegel malte, einfache Leute aus dem Volk. Weshalb dieses Genre so großen Anklang fand, ist schwer zu sagen, denn als Käufer kamen sie kaum infrage – und auf Käufer kam es allen Bruegels an. Für die religiösen Bilder gehörten Angehörige des Adels zu den Auftraggebern und Abnehmern, selbst ein so hoher Herr wie Kardinal de Granvelle, Berater von Margarethe von Parma als Statthalterin der zu Spanien gehörenden Niederlande. Aber für das Bauerngenre? Man muss dabei beachten, dass diese Bauern nie abwertend dargestellt sind. Der *Hochzeitstanz im Freien,* ein spätes Bild von 1566, stellt vitale, aber nicht groteske Bewegungen dar, andere sitzen am Tisch oder sammeln Geld ein. Selbst beim *Hochzeitsessen* findet man keinerlei Exzess, wohl aber Einzelne, die sich den Löffel in den Mund führen oder einen Becher an die Lippen. Alltag also, reale Menschen in *realistischer* Umgebung. Fast kann man von Schnappschüssen sprechen, wie es später in der Fotografie möglich war. Vielleicht war es genau das, was so attraktiv erschien.

Womit wir beim noch späteren *Bauerntanz* wären. Das Bild zeigt Tänzer, aber auch ein zum Platz laufendes Paar, daneben sitzende und sich beim Wein unterhaltende, würfelnde Figuren. Die Gesichter sind hier weiter als sonst ausgearbeitet, weil es einmal nicht so viele sind wie gewöhnlich: lauter Persönlichkeiten, nur eben in schlichter Kleidung. Es bietet sich in diesem Fall ein interessanter Vergleich mit dem *Hochzeitstanz im Freien,* den Sohn Pieter der Jüngere 1607 malte, fast vierzig Jahre später. Das väterliche Vorbild ist wieder einmal gut erkennbar, aber die Bewegungen erscheinen weniger vital, die Gesichter geradezu geschönt. Es wird einem gewandelten Geschmack entsprochen haben. Die Niederlande selbst hatten sich verändert, die ruhigen Zeiten unter habsburgischer Herrschaft waren unruhigen mit Bildersturm und endlosen Kriegen gefolgt. Man errang am Ende mit hohem Blutzoll die Freiheit. Der unbekümmerte Stolz auf das einfache Leben aber war wohl dahin.

Das Beste zuletzt

Miguel de Cervantes: *Die Irrfahrten von Persiles und Sigismunda*, 1616

Auf der Leipziger Buchmesse 2017 wurde ein Roman für den Übersetzerpreis nominiert, den wohl die wenigsten kannten: *Die Irrfahrten von Persiles und Sigismunda.* Aber das Werk hätte es kaum so weit geschafft, wenn es nicht von einem ganz Großen stammen würde: von Miguel de Cervantes, dem Schöpfer des *Don Quijote.* Dieses viel bekanntere Werk war in zwei Teilen erschienen, der erste 1605, der zweite 1615. Dazwischen veröffentlichte Cervantes noch die *Exemplarischen Novellen.* Sowohl im zweiten Teil des *Don Quijote* wie im Novellenwerk aber kündigte er bereits einen weiteren Roman an, den er nach mehr als zwanzig Jahren Arbeit tatsächlich wenige Tage vor seinem Tod beendete: eben die *Irrfahrten.* Und diesen Roman bezeichnete er sogar als sein bestes Werk überhaupt.

Man wird von heute aus gesehen Widerspruch einlegen, zumal der *Don Quijote* in einer Aktion des Osloer Nobelkomitees von hundert Schriftstellern zum «besten Buch der Welt» gekürt wurde. Die Wirkungsgeschichte schlägt sich in einer schier endlosen Liste von Opern, Balletten, zuletzt 24 Verfilmungen nieder. Die Geschichte des «Ritters von der traurigen Gestalt», wie ihn sein Begleiter

Sancho Pansa nennt, las sich immer als die Begegnung von Traum und Realität, von hoher Idee und widriger Umwelt als einem Grundschema modernen Bewusstseins. Und all dies ausgeführt in ungeheuer eindringlichen Bildern wie etwa dem Kampf mit den Windmühlenflügeln oder der Huldigung gegenüber adligen Damen, die in Wirklichkeit Dirnen in einer schmuddeligen Kneipe sind. Die Niederlagen dieses Helden, die nicht in Tod oder Verwundung, sondern in Prügeln und blauen Flecken enden, trugen dazu bei, diesen Roman als eine Komödie zu lesen, in der sich die Welt spiegelt, wie sie ist: verschroben, aber letztlich ein Spaß. Und nun diese *Irrfahrten von Persiles und Sigismunda*. Warum sollten ausgerechnet sie besser sein? Die Zeitgenossen bestätigten es durchaus, der Roman wurde zwar häufig aufgelegt und in fast alle europäischen Sprachen übersetzt, nur eben irgendwann um ein Haar für immer vergessen.

Man sollte also den Autor mit seiner Einschätzung ernst nehmen, schon allein der langen Entstehungszeit wegen und nicht zuletzt aufgrund der Tatsache, dass er, verarmt und krank, wie er damals war, alles daransetzte, sein Werk wirklich zu beenden – und es tatsächlich wenige Tage vor seinem Tod schaffte. Was war es aber, was Cervantes selbst so schätzte? Wir können es uns schwer vorstellen, weil Romane für uns zu derjenigen Gattung gehören, die die Literatur am meisten prägt – nicht mit Lyrik wird man heute berühmt und mittlerweile auch kaum noch mit Theaterstücken. In der Renaissance aber war der Roman durchaus neu. Noch gab es das Problem eines Erzählens ohne geschichtliches Vorbild, das Problem der Fiktion also. Kann aus «Erlogenem» irgendetwas «Gutes» kommen? Und wenn ja, wie muss man denn dann «lügen», welcher Stoff eignet sich dazu? Genau darin lag Cervantes' Ehrgeiz. Mochte der *Don Quijote* ein erstes Beispiel sein, es war aber doch auch sehr künstlich angelegt mit diesem «Helden», der zu viele Romane gelesen hatte und deshalb nicht mehr mit dem wahren Leben zurechtkam. Und ein Roman mit einer ganz normalen Lebens- bzw. Liebesgeschichte? Gewissermaßen mit normalen Menschen?

Wie schwierig dies war, zeigt sich daran, dass Cervantes ein Vorbild suchte, das heute noch viel unbekannter ist als seine Nachbildung. Es gab in der Spätantike, genauer im byzantinischen Raum, die Geschichte eines Liebespaares, das auf Fluchten durch die halbe Welt getrieben wurde, von dem heute kaum noch bekannten Autor Heliodor. Fiktion also zunächst einmal abgesichert durch die Anlehnung an bereits Bestehendes. Und dann die Arbeit daran unter den Bedingungen des 16., 17. Jahrhunderts, zum Beispiel mit der durchaus neuen Welt von Reformation und Gegenreformation. Cervantes' Liebende kommen aus dem Norden, sind evangelisch und streben nach Rom, wo sie katholisch werden. Aber warum diese «Pilgerfahrt»? Wegen der Liebe. Persiles liebt die schöne

Sigismunda, denn er hat einen älteren Bruder, der sie auch liebt. Klar, was das bedeutet: Eifersucht. Und eine Lösung dafür gibt es in Gestalt der gemeinsamen Mutter, die ihren Jüngsten mehr liebt und die Reise anstößt, um ihm die Braut zuzuführen. Das gelingt tatsächlich, aber um Haaresbreite. Denn in Rom treffen die Brüder aufeinander, duellieren sich, liegen beide im Blut. Nun folgt das Happy End: Der sterbende große Bruder legt die Hand des nicht ganz so verwundeten kleinen in die Hand der jetzt ihm allein gehörenden Braut. Ende der Geschichte.

Wobei übergangen wurde, worin eigentlich diese «Geschichte» besteht. Denn das Charakteristische liegt darin, dass Cervantes keineswegs chronologisch vorgeht und Stück für Stück erzählt, sondern eine Verwirrung anrichtet, die der im *Don Quijote* nicht nachsteht. Nicht nur dass die Liebenden gar nicht wissen, wen sie lieben, es lange Zeit voreinander verheimlichen – man erfährt es fast am Schluss in höchst bizarrer Situation: Persiles hört, vor Rom in einem Gebüsch versteckt, ganz zufällig, wie sein ehemaliger Erzieher jemandem alle Hintergründe zum Besten gibt. Zu dieser Zeit sind die Liebenden bereits x-mal entführt, getrennt, versklavt, verwechselt worden, allein schon deshalb, weil die Schönheit von Sigismunda für Chaos sorgt. Und dann wären da noch die zahllosen Unterbrechungen des Hauptgeschehens durch immer neue Einschübe von Nebengeschehen, Geschichten anderer Personen, die Ähnliches, aber eben nicht Gleiches erleben, was sich ineinander spiegelt, zum Vergleichen einlädt und insgesamt das Bild einer Welt entstehen lässt, in der alles auch anders sein kann, in der es dieses und jenes gibt, ohne dass zu sagen wäre, was denn nun das Richtige und was das Falsche ist.

Und immer wieder dieses weitere wichtige Element: Verstellung. Man kann nicht überleben mit Tugend allein, gerade sie behauptet sich angesichts einer neidischen Umwelt nur in einer Mischung mit Untugend. Die Hauptheldden greifen ständig nach diesem Mittel zu ihrer Rettung. Aber auch in den Randgeschichten kommt Verstellung vor, zum Beispiel bei den «falschen» Gefangenen, die ihre Gefangenschaft nur vortäuschen, um einen Vorteil zu erlangen. In diesem Fall verfügte Cervantes sogar über einschlägige Erfahrung, er war selbst in seiner Soldatenzeit versklavt und mit viel Glück ausgelöst worden – ein Abenteurerleben, das für einen Roman durchaus gereicht hätte. Aber eine solche Erzählung wäre keine Kunst gewesen, noch nicht. Cervantes zeigte stattdessen, wie man ein Abenteurerleben erfindet.

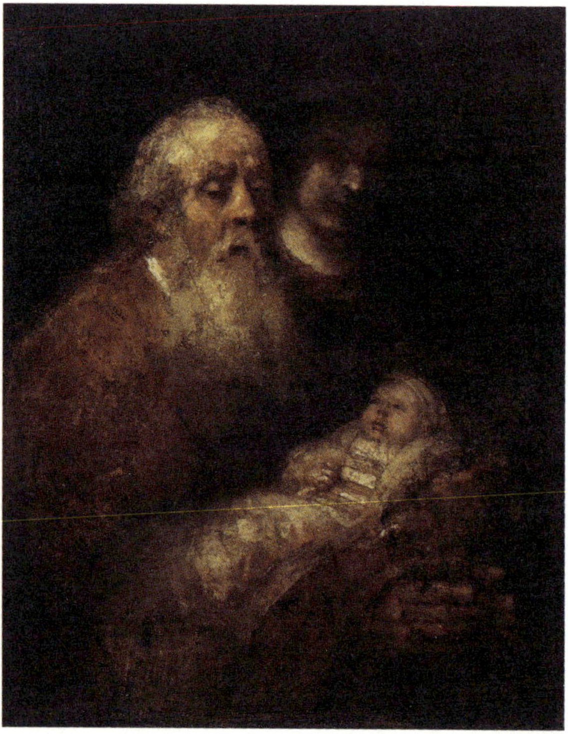

Nunc dimittis

Rembrandt van Rijn: *Simeon mit Christuskind im Tempel*, 1669

Es stand noch nicht fertig auf der Staffelei, als der Tod die Arbeit beendete – das unzweifelhaft letzte Werk Rembrandts, ein Ölgemälde zum Thema *Simeon mit Christuskind im Tempel.* Die künstlerische Qualität ist also nicht endgültig zu beurteilen, man hat sogar von einer «Ruine» gesprochen. Und doch spricht das Bild auch so Bände.

Es ist der Abschluss einer ganzen Reihe von Fassungen des Themas, das den Meister von früh an beschäftigte, so wie er auch in anderen Fällen Serien anfertigte. Die berühmteste dürfte das Selbstporträt sein, von dem es mehr als hundert Zeugnisse gibt, in immer neuen Varianten bis zur letzten Version als Ölgemälde ein Jahr vor dem Tod. Auch die alttestamentliche Geschichte des Tobias hatte ihn lebenslang beschäftigt, auch hier sind es immerhin fünfzig Bilder, die erhalten geblieben sind. Die Szene aus dem Lukas-Evangelium, wonach Maria und Josef, die Eltern also, das Jesuskind im Tempel dem Hohepriester «darbringen», wie es normaler jüdischer Brauch war, ist also in den Abwandlungen nichts Besonderes. Im Gegenteil, es kam eben auf Abwandlungen an, der Stoff bot verschiedene Seiten. Und die wichtigste wurde noch nicht erwähnt: Der blinde Simeon «erkennt» in diesem Kind den Messias, den zukünftigen Erlöser. Lukas hatte der «normalen» Szene eben diesen Teil hinzugefügt: Gott hat einst Simeon versprochen, dass er nicht sterben werde, ehe er den Messias «sehe». Nun ist es soweit, die Szene ist da. Und Simeon spricht die Worte: *Nunc dimittis* ..., «Nun entlässt Du Deinen Diener, Herr, nach Deinem Worte in Frieden».

Wie das malen? Eben, es war immer genau diese Frage, die sich Rembrandt stellte, und er beantwortete sie in einem Punkt sein Leben lang immer gleich: als Ereignis, ja als dramatische Situation. Wir kennen es ja vom berühmtesten Bild dieses Meisters überhaupt, der sogenannten *Nachtwache,* die nichts anderes ist als das Gruppenporträt einer Schützenkompanie, wie es verlangt wurde. Nur malte Rembrandt keine Wachsfiguren nebeneinander, sondern einen Zug, der genau im Moment der Erfassung losmarschiert. Dass es letztlich auf die Porträts ankam, wissen wir deshalb, weil sich von 16 Porträtierten die bezahlten Rechnungen erhielten – 100 Gulden jeweils.

Und nun also die «Darbringung». Warum gerade sie in vielen Varianten? Rembrandt formulierte es nicht selbst, aber es liegt auf der Hand. Immer wieder beschäftigte er sich mit einem Thema, das auch in dieser Szene eine wichtige Rolle spielt: mit der Blindheit. Man kann einiges hineingeheimnissen: Der Maler, der wie niemand sonst aufs Sehen angewiesen ist, lässt sich anregen vom äußersten

Gegenteil. Fest steht, dass das Thema von kaum einem anderen Künstler derart intensiv behandelt wurde. Auch die Tobias-Geschichte handelt ja von dem blinden Propheten, der gottgefällig lebt und dafür zuletzt belohnt wird: Sein Sohn bringt von seiner Wanderung den Fisch mit, dessen Galle die Heilung bewirkt. Rembrandt wandelte es wie so oft zeitgenössisch ab, nicht nur indem er die Figuren in entsprechende Kleidung steckte, sondern auch hinsichtlich der Heilmethode, dem Starstich mit entsprechendem Werkzeug. Und dann wären da auch noch die Darstellung Homers als blinder Sänger oder die Blendung Samsons, um das Wichtigste zu nennen.

Anregung genug also und dann der immer neue Zugang. Im frühen Ölgemälde von 1627/1628, *Simeon im Tempel,* liegt die Überraschung darin, dass nicht Simeon selbst im Zentrum steht, sondern die Seherin Anna, von der Lukas in einer Nebenbemerkung spricht. Sie hat übrigens das Antlitz von Rembrandts Mutter, wie er überhaupt oft diese Vorlage verwendete, genauso wie die des Vaters. Die damaligen Betrachter werden sich allerdings nicht an dieser kleinen Blasphemie gestoßen haben, sondern daran, dass statt der Haupt- die Nebenperson ins Zentrum geriet, denn es ist Anna, die mit einer pathetischen Gebärde den eigentlichen Kern des Ereignisses zum Ausdruck bringt. Also diejenigen Worte, die Simeon offensichtlich gerade Maria gegenüber spricht, «von oben» in ihrer Bedeutung hervorhebt.

1631 sah die Lösung in einem anderen Ölgemälde ganz anders aus. Die Szene spielt in einem von Menschen überfüllten Tempel, wird lediglich durch das Licht hervorgehoben, in dem sich nun Simeon, das Kind im Arm, an Anna als Gegenüber wendet und die entscheidenden Worte spricht. Wieder anders ist es in der Radierung von 1657/1658 (auch auf 1654 datiert), in der zwei neue Figuren auftauchen, während Maria im Dunkel fast verschwindet und Anna allenfalls angedeutet ist. Denn diesmal richtet sich Simeon an den Hohepriester in reichem Ornat, hinter dem auch noch wie ein Turm der ebenfalls prachtvoll gekleidete Tempelwächter seinen Insignienstab hochhält. Das Licht kommt in diesem späten Bild nicht von außen, nicht von einer irgendwie natürlichen Lichtquelle, sondern die Hauptfiguren strahlen gewissermaßen aus sich selbst, was die theologische Aussage unterstreicht. Man muss es sich ja ins Gedächtnis rufen: Hier wird vom Erlöser der Welt gesprochen. Die Heiligen Drei Könige sahen ihn schon früher, aber niemand sagte etwas. Jetzt wird es mit Worten ausgedrückt. Wobei auch darin wieder ein Problem des Malers lag, eine Figur «sprechen» zu lassen: In der Radierung ist es durch den leicht geöffneten Mund angedeutet.

Womit wir bei der letzten und zweifellos extremsten Darstellung des Themas anlangen, dem letzten Werk überhaupt. Wie sehr es Rembrandt immer um den blinden Simeon ging, zeigt sich hier darin, dass er überhaupt nur ihn mit dem Jesuskind auf den Armen malte – die heute hinter ihm sichtbare Maria wurde später hinzugefügt, um wohl die Szene der «Darbringung» besser erkennbar zu machen. Simeon erscheint hier im noch nicht wirklich zu Ende geführten, aber deutlich genug wahrnehmbaren Hell-Dunkel, wie es Rembrandts reifste Kunst immer auszeichnete und zum Beispiel in den späten Selbstporträts oder den Darstellungen von Aposteln und Evangelisten der Fall ist. Aber es fällt Licht genug auf Simeon, um vielleicht weniger dessen «Sprechen» als das «Sehen» mit den geschlossenen Augen hervorzuheben. Simeon «sieht» ja zuletzt den Erlöser, jedenfalls in einem inneren «Sehen», das dem äußeren in diesem Fall sogar überlegen ist. Es ist schon eigenartig, dass sich Rembrandt mit diesem Bild verabschiedet hat: mit der Darstellung eines «Sehens», das so ganz und gar dem widerspricht, was für einen Maler das Wichtigste überhaupt darstellt. Aber man weiß ja, dass es diesem Künstler immer darauf ankam, die biblischen wie die mythologischen oder andere Szenen zu einer eigenen Botschaft umzuformen, zu aktualisieren. Dies gilt auch für die «Darbringung im Tempel».

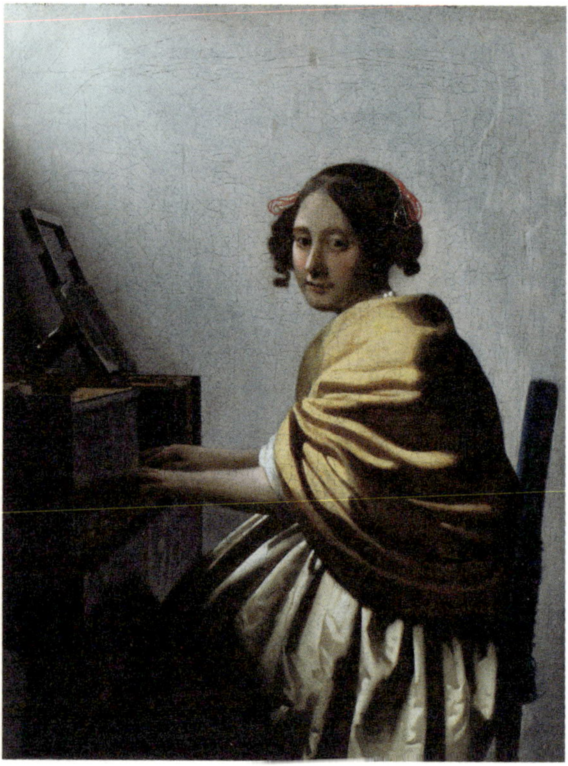

Echt oder gefälscht?

Jan Vermeer: *Junge Frau am Virginal*, um 1673

Es ging als «letzter Vermeer» durch die Weltpresse, aber es war nicht das letzte Bild gemeint. Gemeint war vielmehr das letzte aus Privatbesitz zum Verkauf stehende Exemplar, *Junge Frau am Virginal,* nach jahrelangem Expertenstreit für echt befunden und bei Sotheby's für fast 25 Millionen Euro an einen anonymen Käufer gegangen – zum Vielfachen des Schätzpreises. Heute weiß man, dass der US-Milliardär Thomas Kaplan das Bild besitzt, und die gute Botschaft lautet: Er hat es nicht in einem Panzerschrank verschwinden lassen, sondern zeigt es zusammen mit seinen Rembrandts und anderen Meisterwerken weltweit in Ausstellungen, im Louvre zum Beispiel. Sein Credo: In Zeiten, wo Kunst etwa im syrischen Palmyra vernichtet werde, gehe es darum, diese Kunst als Menschheitserbe zugänglich zu halten, gerade große, bedeutende Kunst.

Vermeer also, der Delfter, der in verschiedener Hinsicht als Ausnahmeerscheinung gelten darf. Gerade einmal 35 bis höchstens 38 Bilder machen das Gesamtwerk aus – ein Negativrekord angesichts der nicht langen, aber auch nicht überkurzen Lebenszeit von 43 Jahren. Bei den Datierungen hapert es an allen Ecken und Enden, fast nirgends gibt es Sicherheit, ein wirklich letztes Bild ist schlicht nicht auszumachen. Immerhin gelten die Virginalspielerinnen, von denen Vermeer eine ganze Serie anfertigte, als spät entstanden: Die *Stehende Virginalspielerin* ebenso wie die *Sitzende Virginalspielerin* könnten beide aus den letzten drei Lebensjahren stammen. Das Thema war in der damaligen Zeit mit Symbolik aufgeladen: Das Instrument Virginal, ein Vorläufer des Klaviers, erinnert mit seinem Namen nach lateinisch *virgo* an die «Jungfrau», bezeichnet vielleicht die Porträtierten als Jungfrauen. Im Übrigen handelt es sich um Bilder, die das typisch niederländische Interieur im «Goldenen Zeitalter» dieses eigenartigsten aller politischen Gebilde Europas zeigen – ein Städtebund ohne wirklich einheitliche Regierung, dafür der Geldgeber Europas und dank Kolonien eines seiner reichsten Länder. Bis Ludwig XIV. der Versuchung nicht widerstehen kann und seine Soldaten antreten lässt, wonach der Kunsthandel einbricht und Vermeer in Armut stürzt.

Vermeer noch einmal, der rätselhafte Maler mit diesem winzigen Œuvre, das vor der großen Krise gut «geht», Mäzene anzieht. Und später erst recht Beachtung findet. Noch nicht nach der großen Amsterdamer Versteigerung 21 Jahre nach dem Tod, aber seit dem 19. Jahrhundert immer mehr. Die Impressionisten entdeckten seine Kunst der Lichtbehandlung, die wie Freiluftmalerei anmutet, Marcel Proust kam darauf zu sprechen in seiner *Suche nach der verlorenen Zeit,* Dalí schwärmte für die

Spitzenklöpplerin. Im Übrigen ist es gerade dieser Niederländer, der «das» Niederländische jedenfalls der alten Zeit verkörpert: seine Bilder von Delft mit Stadttor und Kirchturm der Nieuwe Kerk in der *Ansicht von Delft,* fast einem Nationalgemälde, weiter der *Straße in Delft* genau vor seinem Fenster neben weiteren Straßenszenen. Und dann eben die Interieurs, die den Reichtum niederländischer Wohnräume zeigen, die Kacheln am Boden, die wertvollen Einrichtungsgegenstände, schwere Vorhänge und gerne Musikinstrumente, außer dem Virginal Gitarre, Laute, Violoncello. Nicht zu reden von den Bewohnern selbst, dem *Geographen* und dem *Astronomen,* vor allem Frauen aller Stände bis zu den Dienstmägden mit ihren Geschirren. Schließlich *Das Mädchen mit dem Perlenohrgehänge,* das den britischen Regisseur Peter Webber 2003 zur Verfilmung anregte.

Und noch einmal zurück zu Vermeer. Er muss einige Achtung in seiner Vaterstadt Delft errungen haben, wurde zweimal zum Vorsteher der Lukasgilde gewählt, die nach der Legende, dass der Evangelist Lukas Maler war, die Maler vereinte. Gerne zeigte er sich als humanistisch gebildet, glänzte mit Mythologiekenntnissen. Eines seiner bekanntesten Bilder, die sogenannte *Allegorie der Malerei,* vielleicht 1666 entstanden, zeigt einen Maler in Rückenansicht an seiner Staffelei, vor ihm als Modell eine junge Dame mit Myrtenkranz, die Clio darstellen soll, die Muse der Geschichte, die den Malern so viele Motive liefert. Die riesige Landkarte mit den sieben Provinzen sowie einer Reihe von kleineren Stadtansichten geben dem Bild gewissermaßen vaterländisches Gepräge. Vermeer, so viel darf man danach sagen, fühlte sich durch und durch als Niederländer. Umso schlimmer der Absturz unter Einfluss des Krieges, als er bei seiner Schwiegermutter Schulden machen musste, aber auch bei anderen Gläubigern, sodass die Witwe das Erbe nicht antrat bzw. es den Gläubigern überlassen musste – immerhin nachdem sie die *Allegorie der Malerei* rechtzeitig der Schwiegermutter als Pfand überlassen hatte, sodass es der Versteigerung entging.

Dafür ereilte gerade dieses Bild ein Schicksal der besonderen Art. Adolf Hitler, der ja als Maler angefangen hatte, kaufte es 1940 zum Preis von 1650000 Reichsmark von seinen österreichischen Besitzern und zahlte auch noch ordnungsgemäß die fälligen 500000 Reichsmark Steuern – Schnäppchenpreis angesichts der aus Amerika gebotenen 6 Millionen, gegen die praktischerweise ein Ausfuhrverbot verhängt wurde. Fügen wir auch noch die Komödie an, die sich um einen weiteren Vermeer-Kauf entspann. Hermann Göring wollte nicht nachstehen, hörte 1942 von einem *Christus und die Ehebrecherin,* zahlte einen stolzen Preis – und war auf die Fälschung des Niederländers Jan van Meegeren hereingefallen, der sich auf «Vermeer» spezialisiert hatte. Dieser wurde übrigens nach dem Krieg in einem aufsehenerregenden Prozess verurteilt, zumal er auch dem niederländischen Staat einen «Vermeer» verkauft hatte. Hitlers Bild war dagegen wirklich echt, wurde am Ende des Krieges im Salzbergwerk Altaussee versteckt, von der US-Armee geborgen und anschließend dem Kunsthistorischen Museum in Wien übergeben, wo es noch heute hängt.

Um ein letztes Mal zu Vermeer und der *Jungen Frau am Virginal* zurückzukehren: Die Echtheit scheint heute festzustehen, wobei neben den Bleiisotopen ein Detail als besonders aussagekräftig hervorgehoben wird: die Verwendung der wertvollen Farbe Aquamarin, die der Maler nicht nur für einzelne Tupfer verwendete, sondern auch für größere Flächen, für die es allerdings auf dem gerade einmal DIN-A4-großen Bild nicht allzu viel Raum gibt. Man weiß aber auch dank Röntgenlicht, dass der gelbe Umhang einen buntfarbigen überdeckt. Dass die Leinwand aus demselben Stück stammt wie die der *Spitzenklöpplerin*, muss nichts heißen, weil man alte Leinwand neu bemalen kann. Überlassen wir das letzte Urteil über dieses «letzte» Werk eigener Art den Fachleuten.

Fast gescheitert

Molière: *Der eingebildete Kranke*, 1673

Das Palais Royal in Paris, keine 200 Meter vom Louvre entfernt, beherbergt heute den Staatsrat, den Verfassungsrat und das Kulturministerium, im Westflügel aber immer noch die Comédie-Française. Hier führte einst Molière seine Theaterstücke auf: vor allem die Ballettkomödien, Gesamtkunstwerke aus Musik, Tanz, Sprache. Molière verfasste die Texte und führte Regie, sein Freund Jean-Baptiste Lully steuerte die Musik zu den Zwischeneinlagen bei, in denen dann auch noch Berufstänzer auftraten. So gefiel es König Ludwig XIV., der seinen Beinamen «Sonnenkönig» bekanntlich einem Auftritt in einem Ballett als Tänzer im Sonnenkostüm verdankte. Zwölf Jahre hatte Molière so gearbeitet, die Stücke in der Regel am Hof uraufgeführt, um sie dann im Palais Royal dem städtischen Publikum gegen gutes Eintrittsgeld zu bieten. Molière wurde dabei wohlhabend.

Aber zuletzt kriselte es, der *Eingebildete Kranke* steuerte auf einen offenen Bruch zu. Es hatte Streit mit Lully gegeben, Molière suchte Ersatz ausgerechnet in dessen Intimfeind Marc-Antoine Charpentier (den man heute als Komponisten der Eurovision-Fanfare kennt – sie entstammt seinem *Te Deum*). Das letzte Stück Molières konnte nicht mehr am Hof aufgeführt werden, obwohl es für die Karnevalstage nach der Rückkehr des Königs von seinem erfolgreichen zweiten Hollandfeldzug gedacht war. Die Uraufführung fand gleich im Palais Royal statt, wozu Molière statt des üblichen Prologs mit Herrscherlob eine Schäferin in einem Lied klagen ließ, dass die unfähigen Ärzte nichts zur Heilung ihres Liebesleids bereithielten. Die Ärztesatire, die dem Stück zugrunde liegt, war dabei so etwas wie eine persönliche Klage des Dichters, der seit langem tatsächlich schwer krank war und wenige Tage nach der Uraufführung, nach der vierten Vorstellung, an einer Lungenentzündung starb. Möglich, dass er damit seiner endgültigen Verdrängung vom Hof zuvorkam. Die in Erlassen ausdrücklich verbotenen Auftritte von so vielen Sängern und Tänzern, wie sie der *Eingebildete Kranke* bietet, waren jedenfalls eine Provokation. Nur der demonstrative Besuch höchster Adliger im Palais Royal verhinderte vorläufig ein Durchgreifen des Hofes.

Eine Ärztesatire also von einem Autor, der gerne einen guten Arzt gehabt hätte. Molière konnte nie schreiben, was er wollte, musste sich nach dem Geschmack seines Publikums richten. In der Zeit der Freundschaft mit dem Monarchen gewann er immerhin einigen Freiraum, der ihm sogar eine Satire gegen heuchlerische Geistliche gestattete, den *Tartuffe*. Die Empörung war groß gewesen und Molière beglich nach seinem Tod die Rechnung dafür – kein Priester kam rechtzeitig zur damals unbedingt notwendigen Spendung der Sterbesakramente. Die Beerdigung eines als Schauspieler ohnehin Exkommunizierten wurde regelrecht zum Drama. Erst der Pariser Erzbischof sorgte für eine kirchliche Aktion, die das Verscharren in «ungeweihter» Erde vermied – allerdings mitten in der Nacht und in Begleitung lediglich der nächsten Angehörigen. Noch aber hatte Molière ein letztes Mal ausholen, sich seinen Ärger vom Leibe schreiben können, wenn auch im Rahmen einer Komödie, bei der die fröhliche Unterhaltung des Publikums ein unbedingtes Muss war. Vielleicht bestand die allergrößte Leistung dieses Genies darin, Kritik und Heiterkeit in Balance zu halten.

Und so haben wir es wieder einmal mit einer Hauptfigur zu tun, die auf der Bühne wie immer Molière selbst übernahm: Arcan, der sich seine Krankheiten einredet und voller Ängste pfundweise Medikamente schluckt, dazu immerfort Aderlässe und Einläufe über sich ergehen lässt. Für eine Komödie bedarf es selbstverständlich eines Liebespaares, das vergeblich an der ersehnten Heirat gehindert wird. Arcan hat also eine Tochter, Angélique, deren Liebsten der Vater jedoch ablehnt, weil er unbedingt einen Arzt in der Familie haben will. Es findet sich auch ein entsprechender Kandidat, der seiner Zukünftigen statt eines Blumenstraußes seine Dissertation überreicht. Weiter gibt es Arcans Ehefrau, die auf das Vermögen ihres Ehemanns hofft und nichts mehr herbeisehnt als den von ihm so gefürchteten Tod. Und dann ist da auch noch die unbedingt notwendige Figur der listigen Dienerin, die sich als Ärztin verkleidet und Arcan zu einer Amputation rät, woraufhin der erstmals seine erheblichen Zweifel an der Arztkunst bekommt. Die Handlung bietet also reichlich Turbulenz.

Natürlich dreht sich dabei alles um die medizinische Wissenschaft, die damals aus einer völlig veralteten Universität kam, mit einer Praxis, die letztlich aus der Antike stammte. Dagegen stemmt sich ein Vertreter der neuen Naturheilkunde, Béralde, der für die Selbstregulierung der Kräfte eintritt und Arcan einmal auf ganz andere Weise von seinen eingebildeten Leiden abbringt: durch den Auftritt von Wahrsagern, die mit ihrem Tanz und Gesang einen Hymnus auf die Liebe anstimmen – Finale des zweiten Aktes. Umwerfend auch die Szene, in der sich Arcan auf den Rat der listigen Dienerin tot stellt, seine angeblich so rührend um ihn besorgte Ehefrau in Freudenjubel ausbricht und sich damit verrät. Überhaupt gehört Sichtotstellen zum Repertoire. Arcans Tochter tut es auch, als der Vater sie mit der Rute bedroht. Es folgt ein wundervoller Dialog um Tot- und Nichttotsein, der die Versöhnung von Vater und Tochter herbeiführt. Auch das ernsteste aller ernsten Thema wird in dieser Komödie in Heiterkeit aufgelöst.

Bleibt da noch Arcan mit seinem Wunsch, einen Arzt in der Familie zu haben, der die Liebenden so lange bedrohte. Gerade dafür aber gibt es zum Schluss eine Lösung, die alle Beteiligten zufriedenstellt. Arcan lässt sich überreden, selbst Arzt zu werden, woraufhin das Finale folgt: die Doktorpromotion an der Sorbonne, um deren katastrophales Unwissen sich eigentlich das gesamte Stück gedreht hatte. In einem Ballett mit tanzenden und ihre medizinischen Geräte schwingenden Ärzten zu entsprechender Musik vollzieht sich eine letzte Verhöhnung jener Kunst, die Molière sich so sehr als wirklich erfolgreiche wünschte. Von allen Zwischenspielen mit Musik und Tanz, die angesichts heutiger Spartentrennung in Schauspiel, Oper und Ballett (mit allenfalls einer Verbindung der beiden letzten Künste) der Aufführung gerne zum Opfer fallen, darf es an dieser letzten Szene nicht fehlen. Sie ist nicht nur der Höhepunkt des *Eingebildeten Kranken*, sondern vielleicht überhaupt von Molières Werk.

Etwas für die Ewigkeit

Johann Sebastian Bach: *h-Moll-Messe*, 1749

An zwei seiner bedeutendsten Kompositionen hatte Bach fast das gesamte letzte Lebensjahrzehnt gearbeitet: an der *Kunst der Fuge* und der *h-Moll-Messe*. Kantaten und Orchesterwerke erschienen währenddessen, weiter Kammermusikalisches und Stücke für Soloinstrumente, ehe er diese beiden Werke erst kurz vor seinem Tod (fast) fertigstellen konnte. Es lag nicht am Umfang allein. Die Passionen sind noch umfangreicher und wurden doch pünktlich zum Aufführungstermin vollendet. Aber damit ist auch schon die Besonderheit berührt, vielleicht eine Einmaligkeit in der Musikgeschichte. Bach hatte bei diesen Werken nie an eine Aufführung gedacht. Wie das?

Die *Kunst der Fuge* lässt sich als eine Art Lehrstück begreifen, vielleicht als den Versuch, die letzten Geheimnisse einer Kunst zu ergründen, die ihn sein Leben lang beschäftigt hatten. Man sieht es schon daran, dass er die einzelnen Stimmen nicht in eine Partitur eintrug, die zum Beispiel ein Cembalist spielen konnte, sondern dass er jeder Stimme eine eigene Zeile zuwies, um das musikalische Gewebe einem «Leser» deutlich zu machen. Bach wollte in einem Zyklus von vierzehn Fugen und vier Kanons über ein einziges Thema zeigen, was alles in dieser für ihn kunstvollsten aller musikalischen Künste möglich war. Dass man heute das Werk aufführt, wie es Bach selbst nie festgelegt hat, also teils solistisch (Cembalo, Orgel), teils in Ensembles (Streicher, Bläser), grenzt an ein weiteres Wunder, nämlich dass derart Ab- oder Ausgezirkeltes auch noch «klingt». Glenn Gould, als Bach-Verehrer entschuldigt, hat sogar von der schönsten Fugenmelodie aller Zeiten gesprochen.

Genauso aber ist es mit der *h-Moll-Messe,* die in wesentlichen Teilen aus älteren Kompositionen «nur» zusammengesetzt ist. Dass in diesem Fall kein Aufführungsplan existiert, ergibt sich bereits aus dem lutherischen Gottesdienst, in dem für eine lateinische Messe überhaupt kein Platz ist. Aber es war auch nicht etwa an eine Aufführung im Kontext des katholisch gewordenen Dresdner Hofes gedacht. Nein, die *h-Moll-Messe* war letztlich ein Parallelunternehmen zur *Kunst der Fuge,* ein Lehrwerk zur kompositorischen (Spezialisten sagen: kontrapunktischen) Kunst im Bereich der Vokalmusik.

Zwei letzte Werke also, von denen früher die *Kunst der Fuge* nicht ohne Grund als allerletztes galt. Als Bach zum Schluss seines Lebens schwer erkrankte, war die Reinschrift unvollendet geblieben, es fehlte die letzte und schwierigste Fuge, in die er auch noch die Töne seines eigenen Namens schmuggelte. Und so schrieb Bachs Sohn Carl Philipp Emanuel hinter die Stelle des Abbruchs (bei Takt 239) die Worte: «Über dieser Fuge, wo der Name B.A.C.H. im Contrasubject angebracht wurde, ist der Verfasser gestorben.» Der Sohn wusste offenbar nicht, was die moderne Forschung in akribischer Arbeit herausgefunden hat, dass Bach an anderer Stelle schon weitergekommen war, die Fuge also durchaus vollendet hatte. Nur war diese Fassung verloren gegangen.

Und das war auch nur der eine Irrtum oder Fehlgriff. Der zweite liegt in der gedruckten Ausgabe der *Kunst der Fuge* vor. Dort nämlich gab man als Ersatz für die abgebrochene Fuge den Choral *Vor deinen Thron tret ich hiermit* wieder, in der Meinung, der erblindete Bach habe auf dem Sterbebett den Choral einem Freund «aus dem Stegreif» diktiert. Aber auch dabei liegt ein Missverständnis zugrunde. In Wirklichkeit ließ sich Bach von diesem Freund den Choral *Wenn wir in höchsten Nöten sein* auf dem Pedalcembalo vorspielen, weil ihm aufgefallen war, dass zur Melodie ein anderer Text ebenso gut passte, eben: *Vor deinen Thron tret ich hiermit.* Nur bedurfte es einiger Korrekturen, um die musikalische Gestaltung den neuen Wörtern anzupassen. Und so entstand eine neue Fassung des Chorals, die auch überliefert wurde. Es war definitiv das letzte Zeugnis der unfassbaren Kreativität dieses Großen, das sich allerdings kaum als «Werk» bezeichnen lässt. Aber man muss eben an den Text denken. Der tiefgläubige Bach verabschiedete sich damit in der Erwartung auf Aufnahme ganz oben.

Die *Kunst der Fuge* erschien also nicht von ungefähr lange als wirklich letztes Werk, Irrtümer machten sie dazu.

Tatsächlich hatte Bach jedoch zuletzt an der *h-Moll-Messe* gearbeitet und bereits Fertiges geändert. Dies bezieht sich auf das *Credo,* das ursprünglich aus sechs Teilen bestand. Da fiel ihm auf, dass die wichtigste Passage des Textes nicht genügend hervorgehoben war, und so schuf er für *Et incarnatus est* («Und er ist Fleisch geworden») einen eigenen, siebten, Teil, der nun genau in die Mitte des Ganzen rückte. Dieser Teil, in der Reinschrift auf einem losen Blatt hinzugefügt, war tatsächlich die allerletzte Komposition, sogar Neukomposition, die Bach 1749 anfertigte. Nach dem vorausgehenden Duett von Sopran und Alt über *Et in unum Dominum* («Und an den einen Gott») ist es eine reine Chorpartie, und zwar der Bedeutung des Textes entsprechend von Beginn an als Fuge komponiert, überwiegend in langen Notenwerten im Umfang eines einzigen Halbtonschritts – «quälender» lässt sich der Text nicht vertonen, vor allem wenn man danach das überschäumende *Et resurrexit* («Und er ist auferstanden») hört. Bach hat noch einmal seine größte Kunst gezeigt, sicher vor allem im musikalischen Sinne, worauf es ihm ankam, aber eben auch als klangliches Wunder.

Man muss heute also die *h-Moll-Messe* als wirklich letztes Werk ansehen, jedenfalls als dasjenige, an dem er noch zuallerletzt gesessen hat. Die Krankheit mag noch weitere Arbeit verhindert haben. Aber auch mit dieser Krankheit war es kompliziert. Der an sich zeitlebens robuste Bach litt zuletzt unter Altersdiabetes, worauf ein Augenleiden mit immer mehr verminderter Sehschwäche zurückzuführen ist. Operationen verschlimmerten das Übel eher noch. Auf dem Höhepunkt der Krise, Mitte 1749, suchte der Rat in einer Aktion unbegreiflicher Plumpheit einen Nachfolger, einigte sich nach erfolgreicher Examinierung auf einen Kandidaten. Es gab also in Leipzig zeitweilig einen alten und einen neuen Thomas-Kantor. Bach kam jedoch wieder auf die Beine und rächte sich in einer Kantate, die Anspielungen auf die unsägliche Aktion enthielt. Er war jedenfalls nicht gebrochen, wirkte mit Hilfe seiner Söhne weiter. Bis zum Choral *Vor deinen Thron tret ich hiermit,* dreizehn Monate nach der fälschlichen Erwartung seines Endes. So lange mussten sich der Rat und der Nachfolger schon in Geduld üben.

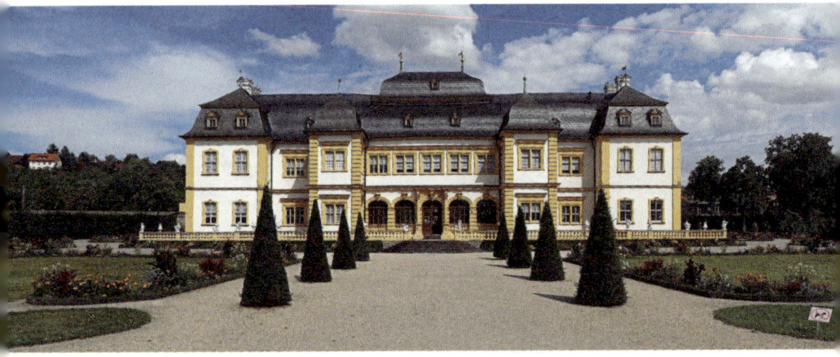

Treppenhäuser

Balthasar Neumann: *Schloss Veitshöchheim,* 1753

Ja, Treppenhäuser. Den allermeisten wird zu diesem Thema sofort derselbe Name einfallen: Balthasar Neumann. Dabei sprach wenig dafür, dass er sich gerade damit einmal einen Namen machen werde. Neumann hatte als Festungsbaumeister begonnen, wurde als Oberst der Artillerie unter militärischen Ehren beerdigt. Ein Ölgemälde zeigt ihn in großem Flitter mit einer Perücke, die das Gesicht wie in einen Rahmen zwängt, der Rest des Körpers mit einem schimmernden Harnisch bedeckt, über den eine Art Mantel in feurigem Rot geworfen ist – in der Hand eine Schriftrolle mit gut erkennbarem Festungsplan. Vielleicht mochte er dies ja wirklich, aber seine ganz große Leidenschaft gehörte der Architektur, der sakralen wie der profanen, und in der profanen nicht den Fassaden – denen auch –, sondern dem dahinter Versteckten, den Treppenhäusern. Wo es möglich ist, sind sie selbst fast Häuser für sich, riesige Räume, wo sich das abspielt, was für die damalige Barockgesellschaft von unvergleichlicher Bedeutung war: das Zeremoniell, die förmliche Ankunft, der Empfang mit Einstimmung, auch Einschüchterung. Immer wieder wurde Neumann bei Umbauten gerade darauf angesprochen, sollte Vorschläge machen und machte sie.

Man kann ja einmal Beispiele nennen: Die Würzburger Residenz des Erzbischofs, erbaut zwischen 1720 und 1744 nach dem Vorbild von Versailles und zweifellos das bedeutendste Werk Neumanns überhaupt, birgt auch das bedeutendste Treppenhaus. Und dies nicht nur wegen der riesigen Dimensionen, sondern auch weil es von einem ebenso bedeutenden Kollegen ausgemalt wurde, von Giovanni Battista Tiepolo – übrigens mitten in der Darstellung der vier Erdteile mit einem älteren Herrn, der auf einer Kanone reitet, natürlich Neumann. Dann das Brühler Schloss, Residenz des Kölner Erzbischofs und Kurfürsten, wo das Treppenhaus bis heute als Aufführungsort für Konzerte dient. Weiter zu nennen wären die Schlösser in Bruchsal und Meersburg. Dass es nicht zum schon in allen Einzelheiten entworfenen Treppenhaus in der Wiener Hofburg kam, einem gewaltigen Bau zwischen den großen Festsälen, liegt an vielen Widrigkeiten, die widrigste in Form eines Krieges, der die Mittel beschränkte. Im Stuttgarter und auch im Karlsruher Schloss scheiterten die Pläne aus dem gleichen Grund bereits ganz ohne Krieg – Neumann hatte sich zu Gigantismen treiben lassen.

Klar, genauso berühmt sind die Kirchen, die nie Treppenhäuser besitzen, dafür «Rotunden» und «kurvierte Räume» mit entsprechenden Gewölbekonstruktionen, bei denen man die gleiche Kreativität aufwenden kann. Hier dürfte die Wallfahrtskirche Vierzehnheiligen die berühmteste sein. Sie war auch die «schwierigste», weil jemand dazwischenfunkte und Neumann mit Mühe zu einer neuen Lösung kam, die aus der Not eine Tugend machte – mit dem Hauptaltar im Langhaus, umstanden von den namengebenden Nothelfern und überwölbt von einer der kühnsten Deckenkonstruktionen der Zeit. Vorher war eine ganze Reihe Kirchen für die fränkischen Abteien entstanden: für Kloster Schöntal oder Kloster Holzkirchen etwa, auch weitere Wallfahrtskirchen wie Kloster Gößweinstein, Pfarrkirchen wie St. Nikolaus in Arnstein oder St. Cäcilia in Heusenstamm, nicht zu vergessen die leider verloren gegangene Basilika für die Abtei Münsterschwarzach. Als letzte entstand die Wallfahrtskirche Maria-Limbach, deren Vollendung Neumann 1753 noch erlebte, während die riesige Abteikirche in Neresheim der Sohn vollendete.

Wenn man sich fragt, wie ein Einzelner derart viele Projekte bewältigen konnte, liegt die Antwort einerseits darin, dass es in all diesen Fällen um Pläne ging, während die Ausführung delegiert wurde – man arbeitete im Kollektiv. Die andere Antwort: Als Neumann, ein Deutschböhme, auf seiner Wanderung als Geselle nach Würzburg kam, traf er auf einen Fürstbischof aus dem gräflichen Geschlecht der Schönborns, der auch in Bamberg amtierte. Der plante gerade ein neues Stadtschloss und brauchte einen tüchtigen Mann für all die anderen Vorhaben in der Stadt und der ausgedehnten Region. Sein Nachfolger, ein von Hutten, setzte dies fort, bis wieder ein neuer

Schönborn da war und, vom gleichen «Bauwurm» befallen, Aufträge erteilte. Zwischenzeitlich gab es 1746 eine kurze Unterbrechung, weil ein uninteressierter Nachfolger Neumann entließ – daher auch das Abenteuer mit Wien. Dann hatte wieder ein Schönborn das Sagen. Weil die Familie auch in Trier den Erzbischof stellte, berief man auch dort Neumann, um die Sommerresidenz Schönbornslust in Koblenz zu bauen, wobei er nebenbei die Festung Ehrenbreitstein inspizierte und in Trier die Stiftskirche St. Paulinus errichtete. Und dann wäre da auch noch Kardinal Damian von Schönborn, der für seine Bruchsaler Residenz ein Schloss brauchte und sich als Fürstbischof von Konstanz Schloss Meersburg verschönern ließ. Wobei Vierzehnheiligen zum Bistum Bamberg gehörte …

Dabei hätte Würzburg gereicht, um einen Architekten zu beschäftigen. Neumann baute nicht nur in gut zwanzig Jahren die Residenz, sondern auch die Schönbornkapelle im Dom, das Käppele auf der anderen Mainseite, dem wiederum gegenüber auf der Festung Marienberg den Turm und und und, nicht zu vergessen die ständige Inspektion der Stadtmauer und eine neue Wasserversorgung. Um seinen Aufgaben gerecht zu werden, ließ sich der Vielbeschäftigte in der Stadt ein Haus mit Belvedere errichten, mit einer Art Beobachtungsturm, von dem aus er die gesamte Umgebung im Blick hatte – das im Krieg zerstörte Gebäude ist heute in rekonstruierter Form wieder vorhanden. Übrigens hatte der Erzbischof ihm auch den

Lehrstuhl für Zivil- und Militärbaukunst an der Würzburger Universität anvertraut.

Man fragt sich, welches denn nun das letzte Werk in dieser gefühlt unendlich langen Kette von Werken war. Dasjenige, das er wirklich noch vollendete, war wieder einmal ein Schloss: für den Würzburger Fürstbischof, der sich seinen bislang bescheidenen Sommersitz aus dem 17. Jahrhundert aufpäppeln lassen wollte. Der Ort liegt nicht weit von Würzburg entfernt: Veitshöchheim. Neumann musste die frühbarocke Substanz erhalten und tat es, indem er der etwas langweiligen Fassade Pavillons hinzufügte und mit reicher Verschieferung eine Art Dachlandschaft schuf. Aber man kann sich schon denken, was der Glanzpunkt sein sollte. Eben, ein Treppenhaus. Keines in den Dimensionen wie so oft, dafür ausgeführt und sogar zu Lebzeiten fertiggeworden. Es ist eine einläufige Treppe aus dem heimischen Rotsandstein, im Grundriss ein unregelmäßiges U bildend, mit zwei Wendeposten. Schmuck sieht es aus, man wundert sich vielleicht, weshalb es dieser Weitläufigkeit in einer Sommerresidenz bedurfte. Aber da war ja Neumann, der sie baute.

Wie man Schulden los wird

Gotthold Ephraim Lessing: *Nathan der Weise,* 1779

Bildung ist ein nicht ganz unumstrittenes Konstrukt. Kenntnis von Literatur gehört auf jeden Fall dazu. Strittig wird es jedoch gleich wieder, wenn der passende Kanon festzulegen ist. Es gibt einen wechselnden Zeitgeschmack, es gibt persönliche Vorlieben – natürlich. Aber Lessings *Nathan* gehörte schon immer dazu. In der *Universalbibliothek,* die Philipp Reclam 1867 begründete (weil damals literarische Werke dreißig Jahre nach dem Tod ihrer Verfasser «gemeinfrei» wurden), folgte er als zweites Werk direkt nach Goethes *Faust.* In den Schulen steht er bis heute auf dem Lehrplan.

Dabei ist der *Nathan* vor fast zweieinhalb Jahrhunderten in anderer Umgebung und mit anderen Absichten entstanden. Gewiss ging es um ein allgemeines Lob der Toleranz, aber diese Toleranz bezog sich damals auf die engere Frage, wie man mit der Religion umzugehen habe, ob die Offenbarung, die allen Buchreligionen zugrunde liegt, wirklich von Gott stammt oder nicht doch von Menschen, die Geschichten *erfanden,* um sie an die Religionen zu binden. Die beginnende Aufklärung hatte sich gerade auf diese Frage gestürzt, auf eine Aufklärung von einem «Aberglauben», zu dem auch allzu unhistorische Vorstellungen von der Offenbarung gehörten. Lessing entdeckte als Bibliothekar in Wolfenbüttel ein Manuskript zu diesem Thema, das er anonym veröffentlichte, sogar doppelt anonym, insofern er den mittlerweile verstorbenen Autor ebenso verschwieg wie sich selbst als Herausgeber.

Nur kamen die Tatsachen rasch heraus und Lessing sah sich von dem Hamburger Hauspastor Melchior Goeze hart bedrängt. Der Vorwurf lautete auf «Atheismus», nicht ungefährlich damals. Lessing verteidigte sich in seinem *Anti-Goeze* in fingierten Briefen, Goeze antwortete in der Schrift *Lessings Schwächen.* Als Lessing dazu seine *Nötige Antwort auf eine sehr unnötige Frage des Herrn Hauptpastor Goeze in Hamburg* herausgab, platzte seinem Landes- und Dienstherrn der Kragen. Er pfiff seinen Bibliothekar zurück und verbot ihm jede weitere Einlassung zu diesem Thema. Da kam Lessing eine Idee. Keine Abhandlung zu den Religionsfragen, aber ein Theaterstück – ein Lesedrama, das natürlich auch irgendwann einmal aufgeführt werden konnte. Ganz nebenbei war er ohnehin auf der Suche nach einem Stoff, mit dem sich Geld verdienen ließ, denn er hatte bei seinem Bruder nicht unerhebliche Schulden. Das Gehalt als Bibliothekar war mäßig, die Kosten für die Familie hoch und die immer wieder gesuchte Lösung der Probleme im Glücksspiel kontraproduktiv. Aus alldem ergab sich eine Form der Veröffentlichung, die damals nicht unüblich war. Lessing suchte sich keinen Verlag, der den Gewinn in die Tasche gesteckt hätte, sondern entschied sich für den Selbstverlag.

Dazu waren die Voraussetzungen günstig. Lessings Bruder Karl hatte die Tochter des Berliner Verlegers Christian Friedrich Voß geheiratet, es gab also enge Beziehungen zu jemandem, der den Druck übernehmen konnte. Alles andere lief über den Weg der Subskription. Es gingen Anzeigen an Zeitungen, die das künftige Theaterstück anmeldeten und zahlungswillige Kunden aufforderten einzusteigen. Als Erscheinungstermin war die Leipziger Ostermesse 1779 anvisiert. Im Dezember 1778 fing Lessing mit dem ersten Akt an, schickte ihn an seinen Bruder, der zusammen mit Voß den Umfang berechnen sollte. In den folgenden drei Monaten ging Stück für Stück nach Berlin, die Druckfahnen wurden vom Bruder korrigiert. Und dann waren da auch noch einige Forderungen von Lessing selbst: ordentliches Papier, großes Format, um zu verhindern, dass die fünffüßigen Verse in den jeweiligen Zeilen nicht ganz hinkamen und «gebrochen» werden mussten, also auf unschöne Weise in eine zusätzliche Zeile gerieten. Auch die Schriftgröße wurde ein Thema, der Autor arbeitete nicht nur am Text, sondern auch an dessen Erscheinungsbild. Zwischenzeitlich glaubte Lessing nicht mehr an ein pünktliches Gelingen, weil die Post Probleme bereitete.

Aber alles klappte. Der Bruder meldete tausend Subskribenten, man druckte entsprechende Exemplare, merkte sogar, dass eine zweite Auflage infrage kam. Und so ging die Rechnung auf. Lessing verblieben nach Abzug sämtlicher Kosten fast 1000 Reichstaler, was eineinhalb Jahresgehältern beim Herzog entsprach. Die Schulden beim Bruder hatten 300 Reichstaler ausgemacht. Er konnte sie zurückzahlen, es blieb noch einiges für ihn selbst übrig. Der *Nathan* ging also als Lesedrama in die Welt, die erste Aufführung folgte 1783 in Berlin, als Lessing schon zwei Jahre tot war. Damit setzte dann der wirkliche Erfolg ein. Große Schauspieler rissen sich in den folgenden Jahrhunderten förmlich um die Rolle des Nathan. Bis auf die Nazizeit, wo man mit Toleranz nichts anfangen konnte, hielt der Erfolg an. Fast kann man von einem Kultbuch sprechen.

Und dies wohl in allererster Linie wegen der kleinen Szene im dritten Akt, genau in der Mitte des Dramas, die das enthält, was Lessing damals nicht mehr «theoretisch» aussprechen durfte: die Ringparabel. Nathan erzählt sie, um damit die Frage des Sultans nach «Wahrheit» zu beantworten – nach der «wahren» Religion, die sich der Sultan nur als eine einzig richtige vorstellen kann. Die Parabel, die auf eine Novelle in Giovanni Boccaccios *Dekameron* im 14. Jahrhundert zurückgeht, ist rasch erzählt: Ein König hat drei Söhne, die er gleichermaßen liebt und denen er nach seinem Tod den wertvollen Ring verspricht, der vor den Menschen angenehm macht. Bevor er stirbt, lässt er zwei gleich aussehende Ringe anfertigen. Dann ist er tot und jeder will natürlich den echten. Man zieht vor Gericht und findet dort einen wahrhaft genialen Richter. Der sieht die Sache so: Jeder nehme einen der Ringe, es werde sich ja dann schon finden, welcher der echte ist, nämlich der, der seinen Träger vor den Menschen angenehm mache. Worauf er die Söhne nach Hause schickt. Wer hier die Moral nicht sieht, dem ist nicht zu helfen.

Sie ist natürlich in der Handlung noch viel lebendiger verwirklicht. Der christliche Tempelherr, der das jüdische Mädchen aus einem brennenden Haus gerettet hat und es anschließend nicht heiraten will, ist eigentlich ihr Bruder. Der Jude Nathan rettete es einst aus einem Massaker an Christen und nahm es an Kindes statt an, obwohl Christen seine eigenen Kinder ermordet hatten. Der Sultan begnadigte den Tempelherrn, weil der seinem Bruder ähnlich sah. Klar, dieser Bruder hatte eine Christin geheiratet, woher sowohl der Tempelherr wie das «Judenmädchen» stammen – der christliche Tempelherr *muss* also dem muslimischen Onkel ähneln. Als all das schlussendlich herauskommt, liegen sich sämtliche Beteiligte in den Armen und mit ihnen die drei großen Religionen. Und damit waren dann auch noch die Schulden beglichen.

Krimi um die Rechte

Wolfgang Amadeus Mozart: *Requiem*, 1791

Die sofort einsetzende Legendenbildung um dieses eindeutig letzte Werk war einfach zu stark. Noch Miloš Forman konnte 1984 bei seinem Film *Amadeus*, der für so viele das Mozart-Bild prägte, nicht widerstehen. Er kam nicht aus ohne einen neidzerfressenen Antonio Salieri, der das Problem seiner Minderwertigkeit mit Gift löste. Dabei geisterte seit der ersten Mozart-Biographie von 1798 auch noch ein «grauer Bote» als anonymer Auftraggeber aus dem Jenseits durch die Phantasie. Und nicht zuletzt kam es zu der Vermutung, dass Mozart, den Tod vor Augen, das *Requiem* für sich selbst komponiert habe.

Dabei bietet die Realität Krimihaftes genug. Anfang 1791 stirbt auf einem niederösterreichischen Schloss eine gerade einmal zwanzigjährige Gräfin. Ihr musikbegeisterter Ehemann möchte für sie eine jährliche Erinnerungsfeier mit Niveau bieten – aus eigener Feder. Nur hapert es an der nötigen Kreativität. Aber er kennt jemanden, der es kann. Da schickt er einen Boten nach Wien, der im Hause Mozart anklopft und das bietet, was man dort immer dringend brauchte: ein gutes Honorar, die erste Hälfte gleich vorweg, die zweite bei Eingang der Komposition. Bedingung: strikte Anonymität. Der Hausherr willigt ein, will nicht gleich, aber bald liefern. Was nicht geplant ist: Er stirbt plötzlich, am 5. Dezember 1791. Zwei Drittel des Textes sind vertont, allerdings nicht alles ganz fertig, es fehlt an vielen Stellen die Begleitung des Vokalparts.

Da greift Constanze, die Ehefrau, die immer beim Geschäftlichen anpackte, zur List. Ohnehin in Panik angesichts des plötzlichen Schicksalsschlags, braucht sie unbedingt die zweite Rate, ganz abgesehen davon, dass die Rückzahlung der ersten droht. Zwei Schüler sind da, die es richten können. Sie fragt den ersten, Joseph Eybler, der nach einem Anlauf aufgibt. Da fragt sie den zweiten: Franz Xaver Süßmayr, den Mozart selbst nach Constanzes späterer Angabe ausdrücklich dazu bestimmt hatte. Der spielt im Hause Mozart eine nicht ganz durchsichtige Rolle. Constanze ist zur Zeit gerade schwanger, wird dem Sohn die Vornamen Süßmayrs geben, obwohl sie später ausdrücklich zu Protokoll gibt, er sei ihm damals «böse» gewesen. Was auch immer all das zu bedeuten hat. Süßmayr macht es. Das *Requiem* wird fertig, mit gefälschter Unterschrift Anfang 1792 übergeben, die Rate fließt.

Aber das Betrügen geht munter weiter. Am 14. Dezember 1793 dirigiert der Graf und Auftraggeber das «eigene» Werk im Neukloster in der Wiener Vorstadt. Was er nicht weiß: Am 2. Januar des gleichen Jahres hatte im Jahn'schen Saal in Wien unter dem richtigen Namen die Uraufführung mit entsprechenden Tantiemen an die Witwe stattgefunden, wenn man davon absieht, dass vermutlich schon bei der Trauerfeier für Mozart am 10. Dezember 1791 in der Wiener Michaelerkirche die fertigen Teile erklungen waren. Aber selbst beim schnöden Doppelverkauf ist es nicht geblieben, Constanze hat die «Exklusivrechte» insgesamt sogar fünffach vergeben, darunter an den Verlag Breitkopf & Härtel für den ersten Druck und auch noch an den musikinteressierten und vor allem immer spendablen König Friedrich Wilhelm II. von Preußen.

Die Kriminalgeschichte ist also nicht zu Ende. Denn als der Verlag Anzeigen schaltet, um das Werk zu verkaufen, merkt es der Graf und klagt. Es kommt zu einem Treffen sämtlicher «Besitzer» des Werkes bei einem Notar, wo eine gütliche Einigung erzielt wird, die den wahren Zustand der Komposition festschreibt. Zukünftige Hörer des *Requiem* sollten also wissen, wen oder was genau sie hörten. Wer die Frage stellt, warum gerade dieses Werk mit verzwickter Entstehung zu einem der bekanntesten und beliebtesten von Mozart gehört, kann eine durchaus klare Antwort erhalten. Die von ihm selbst stammenden zwei Drittel bieten reifsten Mozart. Der Komponist war nicht krank oder hinfällig, sondern noch in den letzten Takten bei voller Schaffenskraft – sein Tod ist und bleibt ein großes Rätsel, das durch Gift am allerwenigsten gelöst wird. Im Jahr 1791 hatte er ganze zwei Opern komponiert: für die Krönung Kaiser Leopolds II. zum böhmischen König in Prag *La clemenza di Tito* und dann auch noch für das Wiener Theater auf der Wieden die *Zauberflöte* –

von anderem wie dem *Klarinettenkonzert* für den Freund Anton Stadler, der *Freimaurerkantate* und dem kleinen Wunderwerk in 48 Takten, dem *Ave verum,* nicht zu reden. Das *Requiem* entstand buchstäblich zwischendurch.

Und trotzdem auf höchstem Niveau. Dem Chor ist eine dankbare Aufgabe zugedacht, vor allem im *Kyrie* darf er zeigen, was er kann. Die vier Solisten singen überwiegend zusammen, bilden sozusagen einen kleinen Chor neben dem großen mit entsprechender Kontrastwirkung. Nur im *Introitus* beim *Requiem aeterna* gibt es ein Sopransolo, später im *Dies irae* beim *Tuba mirum* («Laut wird die Posaune erklingen») ein Basssolo, das passenderweise von einer Posaune höchst virtuos begleitet wird. Man merkt es dann schon, wenn am Ende des *Dies irae* das *Lacrimosa* («Tag der Tränen, Tag der Wehen») nach dem achten Takt nur noch von Süßmayr weitergeführt ist. Und man merkt es immer mehr, wenn es zu den weiteren Teilen geht, zum *Offertorium,* zum *Sanctus* mit *Benedictus,* zum *Agnus Dei* und dem abschließenden *Lux aeterna.* Wer die große Fuge des *Kyrie* im Ohr hat, wird angesichts der Fuge im *Sanctus* mit ihren paar Takten einigermaßen ratlos reagieren.

Schon früh hat dies dazu geführt, neue Lösungen zu finden, die schwachen Süßmayr-Teile zu ersetzen, auch mit Mozart selbst bzw. einer Übertragung seiner originalen Werke auf die *Requiem*-Texte. Bis in die letzte Zeit hat es Anläufe, Kompromisse gegeben. Viele der bedeutenden Dirigenten, nicht zuletzt seit Aufkommen der Alten Musik mit ihrem Großmeister Nikolaus Harnoncourt, haben sich an einer Präsentation versucht, die dem hohen Stellenwert dieses Werkes entsprechen kann. Denn «das Mozart-Requiem» wurde mehr und mehr zu einem Stück «offiziellen» Trauerns. Zu Beethovens Totenfeier wurde es aufgeführt wie zu der für Chopin. Als Napoleons Leiche in den Invalidendom überführt wurde, erklang es ebenso wie zur Feier des hundertsten Todestags Mozarts im Salzburger Dom. Selbst am 1. Mai 1918 war es die erste Wahl, als die «Gefallenen der Revolution» im Petersburger Winterpalast zu ehren waren, genau wie beim ersten Jahrestag der Oktoberrevolution. Schließlich hörte man es beim fünfzigsten Jahrestag des Atombombenabwurfs auf Hiroshima. Während Verdis *Requiem* womöglich zu opernhaft klingt, erfüllt Mozarts *Requiem* Wünsche nach einer Feierlichkeit ohne Bombast. Kaum vorstellbar, dass man auf diese Wirkung je verzichten wird.

Am Ende das Übliche

Joseph Haydn: *Harmonie-Messe,* 1802

Fast dreißig Jahre hatte er in den Diensten der Esterházys gestanden, der bedeutendsten Magnaten in Ungarn und auch des habsburgischen Kaiserreichs, in dem Österreich und Ungarn vereint waren. 1790 musste er den Kapellmeisterposten räumen, weil der Nachfolger seines mittlerweile zweiten Dienstherrn schlicht unmusikalisch war und das Orchester auflöste. Haydn ging nach London, wo er Triumphe feierte, ließ sich anschließend in Wien nieder und hielt Kontakt zum nunmehrigen Fürsten Paul Anton, der die Musik wieder förderte, allerdings als prachtliebender, verschwendungssüchtiger Despot Haydn als Lakaien behandelte. Er muss ihn mit «Er» angeredet haben, bis dieser «Er» es durch eine Beschwerde bei der sympathischen Fürstin schaffte, zum «Herrn von Haydn» aufzusteigen. Es war diese Fürstin, Maria Josepha, die dann auch musikgeschichtlich bedeutsam wurde, schrieb doch Haydn Jahr für Jahr zu ihrem Geburtstag eine festliche Messe. Der Auftraggeber und Bezahler des Ganzen ritt, eskortiert von einer Leibgarde mit Panterfellen über den Schultern, im Husarenmantel und diamantenstrotzenden weiteren Outfit unter Böllerschüssen in die Eisenstädter Kirche.

Sechs Messen entstanden so, Auftragswerke an den wieder als «Esterházischen Kapellmeister» Tätigen, aber von Haydn mit höchstem Anspruch komponiert. Gewiss war in dieser Zeit noch Größeres entstanden, die beiden Oratorien *Die Schöpfung* und *Die Jahreszeiten.* Aber das umfangreiche sinfonische Werk war abgeschlossen, die Messen so etwas wie der Ersatz. Das kleine Eisenstädter Orchester wurde regelmäßig ergänzt, Sänger für Chor und Solistenensemble kamen hinzu. Und so entstanden immer wieder neue Lösungen für die feststehenden Gesänge: *Kyrie, Gloria, Credo, Sanctus* und *Agnus Dei.* Immer wieder galt es, «wichtige» Stellen wie das als Adagio ausgeführte *Et incarnatus est* mit nachfolgendem Allegro oder Vivace für das *Et resurrexit* auszuführen, nicht zu reden von den prächtigen Chorfugen als jeweiligem Abschluss. Gelegentlich staunt man über den Mut des Komponisten, wenn er etwa beim *Et incarnatus est* der *Heilig-Messe* einen alten weltlichen Kanon zitiert, der dem Fürsten Spaß gemacht hätte, wenn er ihn denn verstanden hätte: «Gott im Herzen, ein gut Weibchen im Arm, jenes macht selig, dieses g'wiß warm».

Wo gerade von der *Heilig-Messe* die Rede war, die ihren Namen nach der Verwendung des bekannten Kirchenlieds *Heilig, heilig …* trägt: Alle diese Messen erhielten Beinamen. Die *Missa in tempore belli,* «Messe in Kriegszeiten», spielt auf den damaligen napoleonischen Krieg an und wurde auch als *Pauken-Messe* bezeichnet, weil das Werk kriegsbedingt einen dröhnenden Paukenwirbel beim *Miserere nobis* und der anschließenden Bitte um Frieden enthält. Haydn hat deren Part bei der Uraufführung übrigens selbst übernommen, weil ihm der Pauker nicht energisch genug zu Werke ging. Die *Missa in angustiis*, «Messe in Nöten», ist ebenfalls unter anderem Namen bekannter, nämlich als *Nelson-Messe*, was an den Sieg Lord Nelsons über die französische Flotte im Mittelmeer erinnert, der gerade erfochten war – mit drei Trompeten im *Benedictus* gewürdigt. Die *Theresien-Messe* erhielt den Beinamen nach der Gemahlin des Kaisers, die *Schöpfungs-Messe* nach einer Anleihe aus dem vier Jahre zuvor fertiggestellten Oratorium, bei dem Haydn wieder einmal einen allzu schwachen Spieler ersetzte, nämlich den Organisten beim Solo im *Et incarnatus est*.

Und so kommen wir zur letzten und bedeutendsten Messe dieser Sammlung, zur *Harmonie-Messe* von 1802, die auch zum letzten großen Werk dieses Meisters wurde. Ihr Name deutet auf die besondere Verstärkung des Orchesters durch Blechbläser, deren Ensembles damals als «Harmoniemusik» bezeichnet wurden. Es gab also Trompeten und Hörner, weiter Pauken und Orgel, auch die Holzbläser waren mit Flöte, zwei Oboen, Klarinetten und Fagotten vollständig vertreten, sodass Haydn über alle Möglichkeiten sinfonischen Ausdrucks verfügte. Man hat bemerkt, dass er Anleihen an seine früheren Werke machte, und daher von einem krönenden Abschluss gesprochen. Die Uraufführung in Eisenstadt war ein entsprechendes Ereignis, das mit einem anschließenden Festdiner gefeiert wurde, bei dem Fürst Nikolaus wohl mittlerweile klargeworden war, mit wem er es als Komponisten zu tun hatte, und generös auf dessen Wohl anstieß. Beim Souper am Tag danach brachten die Musiker die schönsten Stücke zu Gehör, eher eine gut gemeinte Geschmacksverirrung.

Man muss sich den damaligen Kontext vorstellen. Haydn war eine europäische Berühmtheit. *Schöpfung* und *Jahreszeiten,* 1798 und 1801 jeweils im Wiener Palais Schwarzenberg «privat» uraufgeführt und danach im Redouten-Saal der Hofburg für zahlende Gäste geboten, waren Triumphe, vielleicht nur noch übertroffen von der letzten Präsentation der *Schöpfung* in Anwesenheit des schwerkranken Komponisten 1808, als man ihn auf einem Stuhl in den Saal tragen musste, die Fürstin Esterházy sich zu seiner Rechten setzte und Fürst Lobkowitz ihm die Hand küsste. Auch die Tatsache, dass die Kaiserin persönlich im exklusiven Rahmen die Sopranpartie nach Haydns Urteil mit «viel Geschmack und Ausdruck, aber … schwachem Organ» sang, spricht für sich. Keiner der großen Wiener, weder Mozart noch Beethoven, sollte zu Lebzeiten so geehrt werden. In den Konzerten für die Witwen und Waisen der Tonkünstler-Societät, die der Komponist wie immer selbst dirigierte, kam eine enorme Summe zusammen – man beziffert sie nach heutigem Wert auf etwa 1 Million Euro.

Dabei war Haydn zuletzt kaum noch arbeitsfähig gewesen. Zwar schrieb er immer noch Streichquartette, das letzte wurde nur als Fragment mit zwei Sätzen fertiggestellt. Und auch dies war nicht wirklich sein allerletztes Werk. Aus England kam 1806 der Auftrag eines Verlags, weitere schottische Volkslieder zu bearbeiten, nachdem er schon mehr als dreihundert geliefert hatte – für gutes Geld. Immerhin schrieb er Begleitungen der drei- und vierstimmigen Gesänge für Klavier und Cello mit gelegentlich ausführlichen Vor- und Nachspielen. Man hatte ihm noch die Komposition eines dritten Oratoriums angetragen, das dem Jüngsten Gericht gegolten hätte, aber Haydn winkte ab. Auf seine Visitenkarte ließ er die Worte stechen: «Hin ist all meine Kraft, alt und schwach bin ich». Am 1. April 1809 verkaufte er sein «schönes Fortepiano um 200 Dukaten» – er war damals 77 Jahre alt. Am 31. Mai starb er. Die Beerdigung war trotz des unglücklichen Zeitpunkts während des Ansturms der Franzosen ein Ereignis, bei dem alle auf den Beinen waren, die nicht unmittelbar mit der Verteidigung Wiens zu tun hatten.

Nach der Landkarte ausgesucht

Friedrich Schiller: *Demetrius,* 1805

Er hatte den ersten Akt des *Demetrius* bis zum 1. Mai 1805 vollendet, ansonsten Skizzen zurückgelassen. Denn Schiller brach an diesem Tag in der Loge des Weimarer Theaters zusammen und starb kurz darauf. Am Ende also ein Torso, unterbrochen vom letzten wirklich vollendeten Werk: der *Huldigung an die Künste.* Es handelt sich um ein kleines szenisches Stück, mit dem der Hof die Ankunft der russischen Zarentochter Maria Pawlowna feierte, der Erbprinzessin, die den Sohn des Herzogs heiratete. Goethe wollte nichts beitragen, also setzte sich Schiller hin und ließ die Künste auftreten, die die hohe Dame direkt anredeten wie etwa die «Architektur»: «Mich sahst du thronen an der Newa Strom!» Die Zarentochter hatte eben in Sankt Petersburg, an der Newa, gelebt, wohin Zar Peter der Große einst die Hauptstadt des Russischen Reiches verlegt hatte.

Also ein Nebenwerk, höfische Pflichterfüllung. Die wirkliche Arbeit galt einem neuen Drama in der langen Reihe, die immer erfolgreicher geworden war. Im letzten Jahr konnte Schiller diesen Erfolg fast handgreiflich erleben, als er nach Berlin reiste und dort Ehrung auf Ehrung entgegennahm, immer anlässlich seiner Werke, die man von den *Räubern* an aufführte. Vom preußischen Königshof kam prompt der massive Versuch der Abwerbung, mit 3000 Talern Jahresgehalt gegen die in Weimar verdienten 400. Dass Schiller blieb, hing wohl weniger mit der immer noch mickrigen Verdopplung zusammen, die Goethe erwirkte, als mit der Dichterfreundschaft und überhaupt den Weimarer Verhältnissen, an die Schiller sich so sehr gewöhnt hatte. Was er schrieb, führte Goethe auf, im Jahrestakt. Zuletzt war es der *Wilhelm Tell* gewesen. Auch der war nach der Uraufführung in Weimar sofort nach Berlin gegangen, der große Schauspieler August Wilhelm Iffland, mittlerweile Direktor des Königlichen Theaters, hatte ihn auf die Bühne gebracht und selbstverständlich beim Besuch des Dichters aufgeführt.

Nun also der *Demetrius,* Aufstieg und Sturz des angeblichen Sohns Iwans des Schrecklichen zu Beginn des 17. Jahrhunderts. Schiller hatte lange überlegt, auch Stoffe angefangen, die wir uns heute kaum vorstellen können. Ein «Seestück» zum Beispiel, etwas mit Freibeutern, Korsaren, Auswanderern. Skizzen gibt es weiter zu einem Drama über den «Menschenozean» Paris, geschildert aus der Perspektive des beruchtigten Polizeichefs zur Zeit Ludwigs XIV., Marc-Pierre d'Argenson, der seine Klienten als «wilde Tiergattung» betrachtete – unter dem Arbeitstitel *Die Polizei.* Ernsthafter erwog er zum Schluss den Stoff eines anderen Usurpators, diesmal von jenem Perkin Warbeck, der im 15. Jahrhundert auf verräterische Weise gegen den englischen König Heinrich VII. den Thron angestrebt hatte – erste Szenen dieses *Warbeck* waren schon geschrieben. Warum sich Schiller schließlich für den Demetrius-Stoff entschied, ist schwer zu sagen.

Irgendwie musste er ihm als geeigneter zur Darstellung des Aspekts von Freiheit und Schuld erschienen sein, der ihn lebenslang beschäftigte. All das hatte der neue Stoff im Übermaß. Schon rein historisch lag genügend Spannung zugrunde. Der Zarensohn war wirklich auf Befehl von Boris Gudonow ermordet worden, und es hatte auch diesen Usurpator Demetrius gegeben, der seine leibliche Mutter Marfa gezwungen hatte, ihn öffentlich anzuerkennen. Schließlich endete das Ganze in einem Blutbad, nachdem die polnischen Truppen des Demetrius die Russen provoziert hatten, was auch Demetrius das Leben kostete. Man kann sich Schiller gut vorstellen, wie ihn der Stoff reizte, aber auch, weshalb er sich gerade für diesen entschied. Immer wieder waren es europäische Schauplätze gewesen, die den Dramen zugrunde lagen: in der *Jungfrau von Orleans* Frankreich, in *Maria Stuart* England, die frühen Dramen hatten in Spanien (*Don Karlos*) und Italien (*Fiesko*) gespielt. Russland hatte gefehlt, es war regelrecht an der Reihe.

Klar, der Konflikt stand im Mittelpunkt, aber Schiller veränderte ihn auch. Sein Demetrius ist bei einem polnischen Fürsten aufgewachsen, der eine hübsche Tochter besitzt, Marina. Natürlich kommt nun Liebe dazwischen. Als Demetrius einen Nebenbuhler ersticht und die Hinrichtung nur dadurch verhindert wird, dass er plötzlich als der vermisste Zarensohn gilt, gewinnt die Handlung an Schwung. Denn Demetrius *glaubt* das, was in Wirklichkeit nur inszeniert ist, fühlt sich schon als Befreier der Polen und zieht siegesgewiss gegen Russland. Marina weiß früh um das Spiel, ist aber machtlüstern genug, nicht nur mitzuspielen, sondern ihren Verlobten in seinem falschen Glauben zu bestätigen. Als dann auch für ihn der Moment der Wahrheit kommt, er also seine wahre Herkunft erfährt, kann er nicht widerstehen, er spielt seine Rolle weiter und wird damit zum betrogenen Betrüger.

Schiller war nicht mehr zur Ausarbeitung gekommen, aber auch so sieht man, worauf es ihm ankam. Im ersten Akt, den wir komplett kennen, treten die «Massen» in den Vordergrund, die der Manipulation als Erste erliegen, damit aber auch den falschen Demetrius mitreißen. Wenn man daran denkt, dass die Szenen 1804 entstanden, denkt man an Napoleon – es ist das Jahr seiner Kaiserkrönung. Aber Schiller greift auch gewissermaßen auf sich selbst zurück: Demetrius wird ja zum «Hochstapler», was in subtilerer Form schon bei der *Jungfrau von Orleans* anklang, die eine Rolle annimmt, sie spielt und zuletzt nicht weiß, ob es richtig war. Immer geht es also um den Konflikt von Sein und Schein, der Menschen fast zerreißt, sie in eine Bewährung führt, in der sie in einer grundsätzlichen Entscheidung ihre moralische Qualität beweisen – oder eben nicht. Mehr kann ein Drama nicht leisten.

Das Publikum hat es jedenfalls verstanden, sich in all diesen Stücken immer wieder begeistern zu lassen. Schiller war eben der Freiheitsdichter geworden, der in einem damals noch nicht geeinten Deutschland die Hoffnungen beflügelte. Aber es muss auch der Dramatiker gewesen sein, der vorläufig den Dichter eines fast unaufführbaren *Faust II* ausstach. Der *Demetrius* war dagegen ein durchaus aufführbares Drama, wurde sogar als Fragment im Weimarer Hoftheater gegeben, wenn auch erst 1857. Übrigens hatte Goethe erwogen, das Stück zu Ende zu bringen, es dann aber vermutlich mit gutem Grund gelassen – er schätzte Schiller, wollte aber in die fremde Dichterhaut dann doch nicht schlüpfen. Auch Friedrich Hebbel versuchte es, wobei er die schon ausgeführten Szenen bewusst liegenließ. Nur kam es nicht zur Vollendung. Wie Schiller war er über dem Versuch gestorben.

Vom Gericht verfolgt

Ernst Theodor Amadeus Hoffmann: *Meister Floh,* 1822

Irgendwie war Kant schuld. Immer hatte die Welt als schwierig gegolten, aber letztlich als so begreifbar, wie sie wirklich ist. Und jetzt sollte sie nur so sein, wie der Verstand sie konstruiert. Fichte machte alles noch schlimmer, als er seinen Studenten empfahl, die Augen zu schließen und einmal darüber nachzudenken, was es bedeute, wenn sie von ihrem Ich sprachen. Die Dichter, die zu seinen Füßen saßen, ließen es sich nicht zweimal sagen. Sie machten die Phantasie zur wahren Herrscherin, erfanden Doppelgänger, von denen der eine mordete und der andere ahnungslos mit den Folgen kämpfte. E. T. A. Hoffmann hatte dies in seinen *Elixieren des Teufels* so ausgemalt, dass der Leser zum Schluss selbst nicht mehr wusste, wer wer war. Man kann es auch einfacher sagen: Die Romantik war erfunden.

Hoffmann, Fichte-Hörer auch er, gehörte bekanntlich zu ihren wichtigsten Vertretern. Dabei sprach bei diesem Multitalent eigentlich alles dafür, dass er den Boden unter den Füßen nicht verlor. Als Komponist war er eher konservativ, verehrte und kopierte Mozart, von dem er ja den «Amadeus» im Namen hatte. Und er komponierte viel, Sinfonisches und Kammermusikalisches, darunter eine durchaus aufführbare Oper, die mit ihrem Thema die

Romantik nicht verleugnen kann: *Undine,* die Frau aus dem Wasser, unten mit Fischleib, auch so eine, bei der Phantasie und Wirklichkeit auseinanderklaffen. Vor allem aber: Hoffmanns erster Brotberuf war nicht das kurze Gastspiel als Kapellmeister, sondern die lange Tätigkeit als Jurist im Berliner Ministerium, mit immer weiterem Aufstieg bis zum Kammergerichtsrat. Das brachte ihn in die Immediat-Kommission zur Ermittlung hochverräterischer Verbindungen und anderer (angeblich) gefährlicher Umtriebe in Preußen.

Auch dies hätte kein Problem sein müssen, wenn Hoffmann nicht in einer entscheidenden Nacht im Gasthaus Lutter nahe beim Berliner Gendarmenmarkt den Mund gehalten hätte. Aber er saß wieder einmal an einer seiner phantastischen Geschichten, diesmal an einem umfangreichen Märchen: dem *Meister Floh.* Wieder einmal gingen Wirklichkeit und Phantasie wild durcheinander, so weit, dass Heine etwas böswillig zum Besten gab, es werde niemand bemerken, wenn der Buchbinder die Seiten «willkürlich durcheinander geschossen hätte». Aber Heine hatte nicht mit einer ganz anderen Sorte Leser gerechnet: mit solchen, die weniger auf den Zusammenhang achteten als auf Bemerkungen, die etwas mit der wahren Realität zu tun haben könnten, mit der politischen. Und ein solcher Leser existierte. Aufgeschreckt von einem Spitzel, der das Gespräch bei Lutter mitgehört und erfahren hatte, dass der gerade entstehende *Meister Floh* Anspielungen auf den Ministerialdirektor im Polizeiministerium, Karl Albert von Kamptz, enthalte, begab sich der auf die Suche und wurde fündig.

Nicht nur, dass bei Hoffmann der Held der Erzählung auf Antrag eines Geheimen Hofrats verhaftet wird, weil er eine vornehme Dame entführt haben soll, die gar nicht vermisst wird (dazu der Hofrat: «wenn erst der Verbrecher ermittelt sei, würde sich das begangene Verbrechen von selbst finden»): Es ist auch noch die Rede von einem jungen Mann, der bekennt, «mordfaul» gewesen zu sein – ein Wort aus einem wirklichen Protokoll. Hoffmann hatte einfach nicht widerstehen können und die verräterische Vokabel ins Märchen direkt übernommen. Und natürlich war es die höchst reale damalige «Demagogenverfolgung», die satirisch aus dem Text hervorlugt. Nur war es eben ein Spaß gewesen, den der hohe Herr im Ministerium allerdings noch weniger verstand als die Handlung selbst. Es kam also zur Anklage, Hoffmann tilgte die Passagen bei der Veröffentlichung, um einigermaßen glimpflich davonzukommen. Sie wurden erst im 20. Jahrhundert zufällig wiederentdeckt und in den Text eingefügt.

Dabei ist die Geschichte, falls man sich in den verwickelten Erzählsträngen zurechtfindet, tatsächlich nicht ganz harmlos. Am Anfang steht ein verträumter Held namens Peregrinus, der sich zu Weihnachten selbst Spielzeug schenkt, einmal ein Paket vermisst, das ihm dann eine Schöne präsentiert, die sich als Prinzessin Gamaheh entpuppt. Sie bringt Peregrinus mit obskuren Gelehrten zusammen, die mit ihren Mikroskopen über die Dinge herrschen und Meister Floh mit seiner republikanisch organisierten Flohwelt tyrannisieren, indem sie Arbeitsteilung und Standesordnung einführen. Peregrinus verzichtet auf solches Werkzeug, mit dem sich sogar Gedanken lesen lassen, weil damit nur Misstrauen entstehe und sich der Mensch Gott gleichstelle.

Es geht so weiter, immer verworrener, der Leser muss äußerst gut aufpassen. Und dann ist da plötzlich die Geschichte vom Geheimen Hofrat Knarrpanti, der im Auftrag eines Fürsten nach einer entführten Prinzessin sucht, die natürlich Gamaheh ist – da waren wir schon. Peregrinus befreit sich aus dieser Welt, heiratet sein Röschen, ein armer Leute Kind, mit dem er der intriganten Wirklichkeit entflieht und tatsächlich glücklich wird. Er folgt seinem Vater im Kaufmannsgeschäft und lebt in seiner Idylle, die Meister Floh mit seinem Volk bewacht. Zu Weihnachten bringt der Winzling den Kindern von Peregrinus und Röschen von seinen nun ebenfalls glücklich lebenden Flöhen angefertigte Geschenke. Die schlimmen Ränkespiele der Vergangenheit sind vergessen, im Märchen werden die Protagonisten am Ende glücklich.

Hoffmann stellte, sterbenskrank auf seinem Bett diktierend, dieses sein letztes Werk also mit Mühe fertig, während auch noch die Untersuchung gegen ihn lief und er sich juristisch umständlich verteidigen musste. Natürlich hatte der Ministerialdirektor Kamptz, der übrigens preußischer Justizminister werden sollte und in der Demagogenverfolgung eine Führungsrolle einnahm, durchaus richtig in der Figur des Knarrpanti eine Karikatur seiner selbst erkannt. Auch das Publikum verstand wohl besser als den Zusammenhang des Märchens diese Hintergründe, die in damaligen Zeitungen genüsslich breitgetreten wurden. Nichts schöner, als zu raten, wer sich hinter wem verbarg. Das romantische Märchen hatte hinter der in ihm gespiegelten Realität das Nachsehen.

Geld- und Hörprobleme

Ludwig van Beethoven: *Streichquartett F-Dur,* 1826

Er trank einfach zu viel, viel zu viel – zuletzt mehrere Flaschen Wein am Tag. Das Ergebnis der Obduktion wurde streng geheim gehalten, obwohl es nur zeigte, was jeder einigermaßen Nahestehende ohnehin wusste: lehrbuchmäßige Leberzirrhose, Bleivergiftung vom damals üblichen «Schönen» des Weins. Und dabei waren Großwerke der Musikliteratur entstanden, 1823 die *Missa solemnis,* 1824 die *9. Sinfonie,* deren Schlusssatz mit der Vertonung von Schillers Ode *An die Freude* Grundlage der *Europahymne* wurde.

Wie sollte es weitergehen? Beethoven hatte durchaus weitreichende Pläne. Obwohl einst sein *Fidelio* zum Fiasko geworden war, dachte er lange an eine weitere Oper. Für eine *10. Sinfonie* sind Skizzen zum ersten und dritten Satz erhalten, zum dritten von 1825, etwas mehr als ein Jahr vor dem Tod. Aus all dem wurde nichts. Dafür entstand ein Spätwerk anderer Art: Streichquartette, fünf an der Zahl, darunter solche mit sinfonischer Dauer von bis zu 40 Minuten, vollendet zwischen 1824 und 1826. Das letzte Quartett, Opus 135 in F-Dur, war sein definitiv letztes vollendetes Werk, wenn man von einer nebenbei entstandenen Nichtigkeit absieht: einem Kanon, den er für seinen engen Freund Karl Holz hinschrieb, mit dem er gerne scherzte. Textbeginn: «Wir irren allesamt!»

Also am Ende ein Streichquartett. Man versteht es jedoch kaum ohne seine «Geschichte». Und die handelt von dieser Streichquartettphase zum Schluss des Lebens. Warum unbedingt Kammermusik, die sich auch heute noch schwer tut gegen Sinfonie, Konzert, von Oper gar nicht erst zu reden? Die Antwort ist durchaus klar, wenn auch nicht ganz einfach. Als Hauptgründe spielen mit: Geld und Krankheit, diesmal nicht die Alkoholsucht, sondern Hörprobleme.

Beethoven war bekanntlich nach sich steigernder Schwerhörigkeit völlig ertaubt, ganz zuletzt übrigens auch noch erblindet. Früh musste er seine durchaus vielversprechende Karriere als Pianist aufgeben. Ironischerweise könnte es dem Komponieren zugutegekommen sein, denn die Zeit fürs Üben war weggefallen. Und Komponieren geht tatsächlich ohne äußeres Gehör, es funktioniert auch mit dem inneren. Wenn Beethoven eine Partitur «sah», «hörte» er sie – das muss im Prinzip jeder Dirigent können. Aber Beethoven «hörte» auch, was er «schrieb», hörte sozusagen schreibend mit. Übung darin hatte er zwangsläufig genug.

Aber warum unbedingt Streichquartette? Zunächst kommt das Geld ins Spiel. 1823 – Hoffnungen wie die auf eine Anstellung als Hofkomponist in Wien oder die Nachfolge Haydns bei den Esterházys waren längst verflogen –

flatterte ein Brief aus Sankt Petersburg ins Haus. Fürst Nikolai Golizyn, der als Jugendlicher in Wien gelebt hatte, selbst ein guter Cellist war und Beethoven'sche Musik für Streichquartett umzuschreiben pflegte, wünschte sich Originale – «eines oder zwei oder drei», Bezahlung nach Gutdünken des Komponisten. Beethoven, wie immer in Geldsorgen, weil er an sein wirkliches Vermögen, acht wertvolle Bankaktien, die er als Sicherheit für seine zunehmenden Schulden benutzte, nicht heranwollte, sagte sofort zu und verlangte pro Quartett 50 Gulden, eine ziemliche Unverfrorenheit. Der Fürst schlug trotzdem ein, schickte die ersten 50 augenblicklich an eine Wiener Bank, die bei Ablieferung überweisen sollte.

Und damit begann eine einigermaßen bizarre Geschichte, die ohne Behandlung der Geldseite nicht zu erzählen ist. Sagen wir jedoch zunächst, dass Beethoven lieferte. Nicht sofort, denn es setzte ein Ringen ein, das mit Geld rein gar nichts zu tun hatte. Beethoven hatte schon zahlreiche Streichquartette geschrieben, aber mit jedem neuen und gerade mit diesen «letzten» suchte er Neuland zu erobern. Musikalisch muss ihm kaum etwas besser gelegen haben. Nur Streichquartette komponierte er mit allen Stimmen zugleich, selbst für die Sinfonien schrieb er zunächst lediglich die Melodie nieder. Er «hörte» also sofort das wirkliche Ergebnis, lotete alle Möglichkeiten aus, erweiterte sie bis an die Grenzen des damals Spiel- und Nachvollziehbaren.

Sie wurden trotzdem fertig, darunter das B-Dur-Quartett, dem er eine 10-minütige Schlussfuge mitgab, die den Rahmen so sehr sprengte, dass er sie später als Einzelwerk herausgab und dafür einen Ersatz komponierte. Und schon sind wir wieder beim Geld. Denn während der russische Fürst mit seinem Zahlen in Verzug geriet, weil er an einem Feldzug gegen Persien teilnahm, verhandelte Beethoven ungerührt mit weiteren «Zahlern». Der Pariser Verleger Maurice Schlesinger war nach Wien gereist, hörte sich in seiner Unterkunft, dem Gasthof Zum wilden Mann, die Aufführung eines der Quartette an und legte sofort 30 Gulden für die Rechte auf den Tisch. Zwischendurch hatte Beethoven Freunden ein Streichquartett versprochen, es nicht fertigbekommen, also ein schon für den Verlag Schott und Söhne fertiges weitergereicht, für das wieder Ersatz komponiert werden musste, um an Geld zu kommen.

Zu den drei «russischen» Quartetten waren auf diese Weise in den Jahren 1825 und 1826 zwei weitere hinzugekommen, das letzte in F-Dur als sein definitiv allerletztes vollendetes Werk. Im Brief an Schlesinger schrieb Beethoven, er habe es nur deshalb fertiggestellt, weil er unbedingt das Geld gebraucht habe. Über dem vierten und letzten Satz steht die etwas rätselhafte Überschrift: «Der schwer gefaßte Entschluß». Übrigens ist das Werk ausgesprochen kurz, mit 20 Minuten etwa die Hälfte des sonst Üblichen. Irgendwie hatte sich Beethoven mit dem kurz vorher vollendeten B-Dur-Quartett verabschiedet. Der langsame Satz darin ist eine *Cavatina,* ein Gesang also, bei dessen Lesen-Hören er nach eigenem Geständnis stets Tränen vergoss. Es könnte tatsächlich das «schönste» Werk sein, das Beethoven je schrieb.

Für den Kanon, falls er wirklich das allerallerletzte Niedergeschriebene gewesen sein sollte, gilt allenfalls der symbolische Wert des Textes, das «Wir irren allesamt!». Wer weiß schon, woran genau Beethoven dabei dachte? Einer der größten Komponisten aller Zeiten hatte tatsächlich einiges zu bereuen gehabt.

Was Herausgebern alles einfällt

Franz Schubert: *Schwanengesang*, 1828

In der Edition Peters steht über dem ersten Lied der Sammlung neben Titel und Autor am rechten Rand in kleinem Druck «letztes Werk». Man kann sich denken, dass dies nicht von Schubert stammt. Und auch den Titel der Sammlung selbst, *Schwanengesang,* fügte der erste Herausgeber hinzu, wobei es dann geblieben ist. Irgendwie stimmt dies alles und wieder nicht. Ja, es handelt sich um das letzte Werk, das Schubert in seinem Todesjahr 1828 komponierte, auch wenn wir nicht genau wissen, wie die einzelnen Lieder in eine Sammlung hineinpassen sollten. Die eine Hälfte der Gedichte stammt von Ludwig Rellstab, die andere von Heinrich Heine, ein letztes Lied steuerte Johann Gabriel Seidl bei. Selbst wenn man weiß, dass Heine Rellstab schätzte und Rellstab Schubert auf Heine brachte: Sollte daraus wirklich eine Einheit werden?

Und dann erst der *Schwanengesang.* Schubert hat ganz sicher nicht vorhergesehen, mit diesen Kompositionen sein Lebenswerk abzuschließen. Sie enthalten nichts Thematisches, das auf die Erwartung des Endes hindeutet. Melancholie ja, wie immer, man kennt es aus den großen Zyklen sowohl der *Schönen Müllerin* wie der *Winterreise.* In der Liebe fand Schubert kein Glück und hatte dies immerfort in sehnsuchtsvolle Noten gebracht. Da macht der *Schwanengesang* keine Ausnahme. Gleich das erste Lied, *Liebesbotschaft,* handelt von einem «Bächlein», das mit seinem Rauschen die Liebste grüßen, von einer versinkenden Sonne, die sie «in süße Ruh» «murmeln» möge. Wo soll da ein Abschied von der Welt vorliegen? Genauso wenig wie im abschließenden Lied, der *Taubenpost.* Klar, die Taube ist treuer als die Geliebte, wenn sie letztlich nur die «Sehnsucht» unterstützt, die beim Grüßen und Gegrüßtwerden übrigbleibt. Aber so ist das nun einmal oft in der Liebe und fast immer in der Liebeslyrik. Wo es anders ist, sprechen wir von Kitsch.

Also kein Abschied, dafür etwas ganz anderes. Schubert hat in seinem kurzen Leben – er starb mit 31 – ein überreiches kompositorisches Werk hinterlassen: sieben Messen (darunter die von Kirchenchören geliebte *Deutsche Messe),* siebzehn Singspiele und Opern bzw. Fragmente davon, zwölf Sinfonien (darunter fünf unvollendet), weitere Orchesterwerke und Kammermusik, vielfältigste Klaviermusik mit allein zwölf fertigen Sonaten – und dann das, womit er vielleicht am berühmtesten wurde: Lieder mit Klavierbegleitung, um die sechshundert insgesamt. Natürlich hat er das Genre nicht erfunden, aber in dieser Menge und musikalischen Vielfalt steht es einzig da. Wenn heute in Konzertsälen Klavierlieder geboten werden, stammen sie fast immer aus diesem Repertoire bzw. von denen, die es fortgeführt haben – Robert Schumann,

Hugo Wolf, Johannes Brahms zum Beispiel. Immer wieder haben sich bedeutende Sänger neben ihrem Engagement in der Oper auf diese Kammermusik verlegt und sind nicht zuletzt *damit* berühmt geworden: Dietrich Fischer-Dieskau zum Beispiel. Internationale Wettbewerbe für Liedkunst werden in der ganzen Welt ausgeschrieben. Liedkunst und Liedbegleitung besteht an vielen Musikhochschulen als eigenes Fach und hat es bis nach Japan gebracht.

Es ist also kein Zufall, dass Schubert zuletzt an Liedern saß, weil er eigentlich immer an solchen arbeitete, immer neue in unbegreiflicher Kreativität hervorbrachte. Womit etwas verbunden ist, was mit dem Hinweis auf große Sänger und Konzertsäle eher verdeckt wird: das Schaffen für die häusliche Praxis. Im frühen 19. Jahrhundert vollzog sich in dieser Hinsicht ein folgenschwerer Wandel. Noch Beethoven hatte seine Klavierwerke und auch die Streichquartette für geübte Laien geschrieben, meist Adlige, die Zeit zum Üben hatten. Dann ging die «klassische» Musik in die bürgerlichen Wohnzimmer, nicht immer zum Vorteil, wenn man an den polemischen Begriff der «Klavierseuche» denkt, der damals aufkam. Aber im Prinzip konnte diese Musik von Laien aufgeführt werden, die Komponisten achteten auf eine gewisse Spielbarkeit, um Verlage zu finden, die schließlich einen Gewinn erwirtschaften wollten. Aber man weiß auch, wie die Anforderungen bald derart anzogen, dass ihnen nur noch Profis gewachsen waren. Virtuosen kamen, waren aber auch nötig.

Schon bei Schubert zeichnete sich der Wandel ab. Sein Werk mit der Opusnummer 1 war ein Lied, der *Erlkönig:* ein Goethe-Gedicht, das Schubert mit großen Erwartungen an den Dichterfürsten schickte, der aber nicht antwortete – Goethes Geschmack war vom biederen Berliner Musikdirektor Carl Friedrich Zelter geprägt, er kapierte Schuberts Genialität nicht. Dieser *Erlkönig* aber war am Klavier schwer auszuführen, nahm wenig Rücksicht auf einen Laien, auch wenn Liszt daraus eine Fassung für Klavier solo machte, die die Schwierigkeiten noch einmal potenzierte. Und so war es eben oft bei Schubert. Vieles lässt sich von Laien ausführen, aber es gibt dann immer wieder Stücke, die an technische Grenzen führen. Zu «lesen» hat man ohnehin immer seine liebe Mühe, weil die Lieder harmonisch kompliziert sind, voller Kreuze und Bs. Ein Kritiker hat davon gesprochen, Schuberts Werke seien «harmonisch überwürzt» – Unsinn, aber keiner, der von ungefähr kommt. Und die Lieder im *Schwanengesang?* Hatte Schubert «zuletzt» ein Einsehen mit den armen Laien oder sich einfach von seiner Kunst hinreißen lassen? Oder vielleicht doch schon an Profis im Konzertsaal gedacht? Wo man weiß, dass er selbst gut, aber nicht virtuos spielte, sich vor Beginn der äußerst anspruchsvollen *Wandererphantasie* zu bekreuzigen pflegte, wenn er sich denn ans Klavier setzte.

Die Antwort lautet: Es gibt keine Hinweise auf irgendeine Form von Entwicklung im *Schwanengesang*. Die Lieder sind teils schwieriger, teils schlichter. Die *Liebesbotschaft* sieht mit ihren Zweiunddreißigstelnoten wild aus, soll aber «ziemlich langsam» ausgeführt werden. Beim *Atlas* gibt es Schüttelfiguren in beiden Händen, die den Kraftakt symbolisieren. Wer dann den *Doppelgänger* mit seinen Vorzeichenwechseln hinbekommt, wird auch die abschließende *Taubenpost* schaffen. Für die Sänger bzw. Sängerinnen, die in der Regel «Studierte» sein dürften, gilt Ähnliches: mal schwieriger, mal schlichter. Fazit: Schubert hatte noch das Wohnzimmer vor Augen, in dem er selbst die berühmten «Schubertiaden» aufführte, allerdings mit recht fortgeschrittenen Ausführenden wie ihm selbst. Nein, an Abschied war nicht gedacht bei diesem *Schwanengesang*, auch nicht an Verabschiedung des Laien. Im Übrigen ging es noch eine ganze Weile weiter. Der Verleger Anton Diabelli hatte sich den Nachlass angeeignet und veröffentlichte immer «Neues» für ein Publikum, das dankbar danach griff.

Ein Sonntagskind

Johann Wolfgang von Goethe: *Dichtung und Wahrheit,* 1832

Goethes Dichterleben hatte ungewöhnlich lang gedauert, mehr als siebzig Jahre seit den Glückwünschen für den «erhabnen Großpapa» und die «erhabne Großmama» vom Achtjährigen zum Neujahr 1757. Was war nicht alles erschienen – vom *Götz* über die vielen Dramen und Romane bis zur nie erlahmenden Freude an Gedichten. Goethe hatte sich dabei keineswegs nur als Literaten gesehen. Er fühlte sich sogar in erster Linie als Wissenschaftler, 1810 bewiesen mit der zweibändigen *Farbenlehre,* die Isaac Newton Konkurrenz zu machen suchte. Schließlich war er von Beruf Beamter, so etwas wie ein Ministerpräsident am Hof des Weimarer Herzogs August, wo er für sehr vieles zuständig war, für Straßenbeleuchtung genauso wie für die letzte Bestätigung von Todesurteilen – einer Kindsmörderin hatte der Verfasser der Gretchen-Tragödie im wahren Leben die durchaus mögliche Begnadigung aus Gründen schnöder Staatsraison verweigert.

Aber Goethe war gerade als Dichter großes Glück beschieden. Zuletzt gelang die Vollendung dessen, woran er jahrzehntelang gearbeitet hatte: der *Wilhelm-Meister*-Roman mit dem zweiten Teil 1829, der ebenfalls zweite Teil des *Faust* im Juli 1831. Noch unwahrscheinlicher: Er wurde auch noch mit seiner Autobiographie fertig, mit *Dichtung und Wahrheit,* die er selbst als ein Stück Dichtung empfand – daher der programmatische Titel. Es war also *diese* Dichtung, die seine letzte wurde, im Herbst 1831, *nach* dem *Faust.* Dass die Autobiographie früh endet, mit dem Eintritt Goethes in die Weimarer Dienste 1775, hat nichts mit einem Fragment zu tun – er *wollte* mit diesem Ereignis abbrechen.

Angefangen hatte er 1809 mit einem «Schema», er dachte noch an die Beschreibung des ganzen Lebens, also auch der Weimarer Zeit. Aber der vierte und letzte Teil endet mit dem Aufbruch dorthin – Goethe wollte nicht über die berichten, die noch da waren und es hätten lesen können.

Es ging ihm ohnehin nicht allein um sich selbst, eher um den Versuch eines neuen Ansatzes in der Autobiographie. Das letzte große Beispiel stammte von Jean-Jacques Rousseau, dessen *Bekenntnisse.* Sie waren der Versuch gewesen, das eigene Leben «aufrichtig» zu schildern. Dazu gehörten endlose Selbstanklagen (außer denen, die wirklich wichtig gewesen wären wie die, dass der große Anwalt der Pädagogik seine eigenen Kinder weggegeben hatte), weiter Schilderungen wie die von seiner Gönnerin, die mit einem lauten Furz aus dem Leben geschieden war, oder seinem Erlebnis in einem venezianischen Bordell mit einer Hure ohne Brustwarzen.

Goethe sträubte sich das Nackenhaar. So etwas «bekennen»? Sich darin auch noch selbst erkennen? Seine Meinung: reine Masche, eingeredet von Klerikern, denen dies zur Macht verhilft. Wahrhaftigkeit? Glatte Illusion, wenn man nicht sieht, wie das Selbst mit den anderen und den Weltläufen verbunden ist. Daher übrigens der Hinweis auf die «Dichtung». Wer über sich selbst schreibt, macht sich ein Bild, eben ein «dichterisches». Dass die Wahrheit etwas anderes ist, etwas Unerreichbares, müsste jedem klar sein, der auch nur von ferne mit der neueren Philosophie vertraut ist, mit dem Gedanken des Konstruierens der eigenen Welt – Kant lässt grüßen.

Was nicht heißt, dass diese dichterische Lebensbeschreibung nicht viel leisten, für viel Klarheit sorgen kann. Wenn Goethe bei den Pflanzen deren Metamorphose studierte, übertrug er dies auf die Literatur im 18. Jahrhundert, schilderte ihre Entwicklung als Prozess, dem er selbst angehörte. Und wo er auf den *Werther* zu sprechen kam, berichtete er auch über den «Zeitgeist», dem er die Entstehung verdankte: den «Lebensekel», an dem er selbst litt wie andere auch.

Interessant weiter ein eher unsichtbar bleibender Bezug auf die Realität. Wichtige Phasen des eigenen Schaffens fielen in die Zeit Napoleons. 1811, auf dessen Höhe der Macht, war er ihm leibhaftig begegnet. Er schilderte das Gespräch im von Weimar nicht allzu weit entfernten Erfurt, zu dem der Kaiser ihn geladen hatte, erwähnte die

Auszeichnung mit dem Kreuz der Ehrenlegion, das er danach mit Stolz trug. Als Goethe die Entstehung des Freiheitsdramas *Götz* schilderte, fand gerade die Bezwingung Napoleons statt. Der faktische Untergang des alten Reiches durch Napoleon fällt zusammen mit der Schilderung der letzten Kaiserkrönung in Frankfurt, die der kleine Johann Wolfgang selbst erlebt hatte. Die Reflexionen über das Dämonische und die mit ihr verbundene Anziehung der Massen ganz am Ende des vierten und letzten Teils sind eine Studie über Napoleon, ohne den Namen zu nennen.

Also insgesamt eine sehr eigenartige Autobiographie, die weniger das eigene Leben inspiziert als es in Beziehung zu den Ereignissen und großen Themen der eigenen Zeit setzt. Wiederum im vierten Teil findet sich zum Beispiel die Diskussion über den Geniebegriff, und zwar keineswegs euphorisch. Wer «zu Fuße, ohne recht zu wissen warum und wohin in die Welt lief, so hieß dies eine Geniereise», liest man und hört den Spott heraus. Und stößt dann auf den ernsthaften Protest, dass Neunmalkluge dabei seien, dieses problembehaftete, aber auch wichtige Wort nur wegen seiner fremden Herkunft zu verbannen – es war damals die Zeit der «Sprachreiniger». Worauf eine glühende Eloge über «das nur *scheinbar* fremde, aber allen Völkern gleich angehörige Wort» folgt, das für den «Sinn fürs Höchste und Beste» steht. Das Höchste und die Phrase sind eben enge Nachbarn, man muss schon genau hinsehen.

Er wurde also fertig, das Ende mit dem Aufbruch nach Weimar war kein Abbruch. Teile der Fortsetzung dieses Lebens verschob Goethe auf andere Schriften, auf die *Italienische Reise* oder die *Campagne in Frankreich,* die zwischendurch erschienen. Apropos «erschienen»: Man kennt die Probleme dieses Erscheinens von Goethes Werken zu seinen Lebzeiten. Der *Götz* war ein Reinfall, die *Iphigenie* brachte es auf zweitausend Exemplare, die trotzdem lange in den Regalen liegenblieben. Und *Dichtung und Wahrheit?* War sofort ein Erfolg, das Publikum griff danach, obwohl es an Indiskretionen fehlte. Dabei war Goethe noch nicht der ganz Große in Sachen deutscher Literatur. Sein hundertster Geburtstag 1849 fiel fast ins Wasser, Schillers Hundertster im Jahre 1859 war dagegen ein großes Ereignis. Der Freiheitsdichter schlug in einem freiheitsbegeisterten Deutschland den Weltliteraten. Nicht für immer.

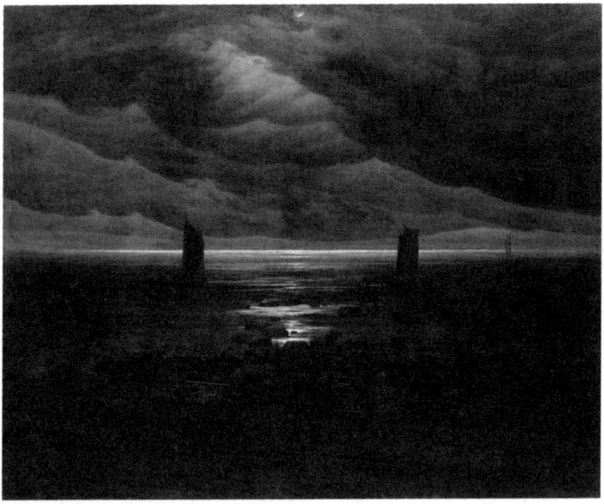

Kein Ökomaler

Caspar David Friedrich: *Meeresufer bei Mondschein,* 1836

Die Gemälde von Caspar David Friedrich haben heute Konjunktur. Das hängt mit dem Hype um die Natur zusammen, der seit einigen Jahren die Aufmerksamkeit auf sich zieht – kein Wunder angesichts der Probleme, die wir mit der Zivilisation haben. Da kommen «schöne» Landschaften in Norddeutschland oder in Böhmen gerade recht, besonders die eindrucksvollen Kreidefelsen auf Rügen, von denen man regelmäßig in der Zeitung liest, dass sie wohl irgendwann verschwunden sein werden. Das Meer nagt sie eben an und ab, schon zu Friedrichs Zeiten, aber man sieht es auf den Bildern eben nicht.

Nur wird man dabei dem historischen Maler wenig gerecht. Im frühen 19. Jahrhundert gab es keine Sehnsucht nach intakter Natur, keine Angst vor ihrer Zerstörung. Nicht lange liegt die Zeit zurück, dass man sie überhaupt erst als Gegenstand des Interesses entdeckt hat, jenseits von Ängsten ganz anderer Art: vor der Ungeheuerlichkeit des Waldes oder den Schrecknissen des Meeres. Dass Winterlandschaften «schön» sein können, mag schon bei Pieter Bruegel aufleuchten, dem «Bauern-Bruegel», den man auch als «Landschafts-Bruegel» bezeichnet hat. Nur sind diese Landschaften immer voller Menschen, eine Eisfläche interessant, wenn Kinder darauf Schlittschuh laufen. Noch lange ist der Tourismus völlig unbekannt. Erst Fontane ließ seine Romanfiguren in den Harz oder an die Ostsee fahren, um sich von Berlin zu erholen. Rügen war von 1807 bis 1813 von den Franzosen besetzt, ging dann an Dänemark und erst im Wiener Kongress 1815 an Preußen. Die berühmten Besuche des Kaisers gehören ins sehr späte 19. Jahrhundert, gemeint ist nämlich Wilhelm II.

Und dann das: 1810 reichte ein unbekannter Maler zwei Bilder bei der Berliner Akademie der Künste ein, die zu dieser Zeit noch keine Titel trugen: den späteren *Mönch am Meer* und die *Abtei im Eichwald.* Als der 15-jährige Kronprinz Friedrich Wilhelm vorbeikam, blieb er stehen und bat seinen Vater, Kaiser Friedrich Wilhelm III., um Ankauf. Es geschah, die Bilder wurden erworben, ausgestellt. Der Maler war auf einen Schlag bekannt, die Akademie der Künste machte ihn zum Mitglied. Meer und Wald also. Aber man kann ja einmal genau hinschauen. Weder das Meer noch der Wald sind als «Natur» dargeboten. Beim *Mönch am Meer* sieht man eigentlich ein leeres Bild, der Himmel nimmt fünf Sechstel in Anspruch, Wasser und Land sind nur angedeutet, trübe. Am Ufer diese Figur, die rasch als «Mönch» bezeichnet wird, von Heinrich von Kleist, der das Bild euphorisch in der Zeitung bespricht, gar als Kapuziner. In Wirklichkeit ist es eine einigermaßen winzige Figur in Rückenansicht, die ursprünglich in Seitenansicht gemalt war, wie man unter Infrarotlicht erkennt und auch noch an der verbliebenen «falschen» Fußstellung. Bei der *Abtei im Eichwald* besteht die Abtei aus einem Mauerrest mit Fenster, inmitten von kahlen Bäumen, denen man die Eichen allenfalls an den knorrigen Ästen ansieht.

Natur? Ja, nur nicht die wirkliche. Die Natur kommt ins Bild als Gleichnis. Friedrich lieferte so gut wie nie das Rezept dazu, verließ sich auf die Betrachter, die zu seiner Zeit auf keine andere Idee kamen, als nach verborgener Symbolik zu suchen. Der Kronprinz, der gerade seine Mutter verloren hatte und von seinem Erzieher eine besonders strikte religiöse Schulung erhielt, wird nach religiösen Gehalten gesucht und sie vermutlich gefunden haben. Wie sollte man angesichts von «Leere» und «Ruine» auf anderes kommen als auf Melancholisches. Friedrich selbst war zur Zeit des Malens dagegen politisch aktiv, bewegte sich in Kreisen von Patrioten, die gegen Napoleon aufbegehrten. Es wurde ihm wenig später zum Verhängnis. In Zeiten der Restauration gab man ihm nicht den Dresdner Lehrstuhl für Landschaftsmalerei, der gerade frei geworden war und auf niemanden mehr als ihn passte. Stattdessen erhielt er eine schwach besoldete Stelle ohne offiziellen Lehrauftrag. Wie Friedrich in Armut begonnen hatte, ging sein Leben in Armut weiter.

Das eindrucksvolle Werk wirkte also in der Zeit seiner Entstehung nicht. Nach der prinzlich-kaiserlichen

Ermunterung gab es noch etwa zehn Jahre Höhenflug, dann nahm das Interesse ab. Die Sehnsucht nach der «wirklichen» Natur war noch nicht da, die «symbolische» dagegen out, vor allem diese düstere, die überall Verfall, Bedrohung sah. Man kennt die Werke des Höhenflugs: *Kreidefelsen auf Rügen* 1818, *Wanderer über dem Nebelmeer* 1818, *Zwei Männer in Betrachtung des Mondes* 1819/1820, *Mann und Frau den Mond betrachtend* um 1824 – die Figuren immer in Rückenansicht, verloren in die Landschaft mit ihren scharfen Felsnadeln blickend, den Betrachter gewissermaßen mitziehend in ihren resignativen Gedanken. Wer genau hinsieht, erkennt genauere Zeichen: die altdeutsche Tracht der Männer mit ihren entsprechenden Hüten als Bekenntnis zum politischen Aufbruch etwa. Daneben kann die Landschaft auch ganz menschenleer sein, im Eismeer von 1823/1824 etwa oder im *Friedhof im Schnee* mit seinen windschiefen Grabkreuzen von 1826.

Wobei bislang ein Motiv ausgeklammert wurde, das vor allem in den letzten Jahren immer größere Bedeutung erlangt hat: Schiffe auf dem Meer wie im *Seestück bei Mondschein* von 1830/1835. Damit ist eines der ältesten Symbole für die bedrohte menschliche Existenz berührt. Schon in der Antike stellte man sich das Leben unter diesem Bild vor, wozu Odysseus die allererste Anregung bot. Die Gefahr des Schiffbruchs, die Aufforderung, besser im sicheren Hafen zu bleiben, gehören zu einem Motivschatz, der wieder und wieder aktualisiert wurde. Friedrich griff ihn in dieser «norddeutschen» Form auf. Er zeigte Bedrohung als Leere, die durch einen von Wolken halb oder noch mehr zugedeckten Mond besonders gesteigert wird. Fast sieht man den Mond nicht, erkennt nur die Reflexe, die er auf dem Meer hinterlässt. Man weiß, dass Friedrich dabei religiöse Assoziationen hatte. Der Mond als Christus, das Licht als eine letzte Hoffnung, die das von ihm angestrahlte Schiff erhält.

Aber es geht auch anders, mit anscheinend noch weniger Hoffnung. Im *Meeresufer bei Mondschein,* das entstand, bevor Friedrich 1835 den ersten Schlaganfall erlitt, segeln zwei Schiffe auf den Betrachter zu, der Mondschein fällt genau zwischen sie. Auf keinem anderen Bild sind die Wolken so bedrohlich gemalt, fast schwarz, in wilder Ballung. Das Format beträgt 135 mal 170 Zentimeter, es wurde sein zweitgrößtes Bild überhaupt. Er arbeitete wohl noch 1836 daran, ehe er nur noch Zeichnungen anfertigte. Wäre da nicht die zufällig zustande gekommene Beziehung zum Zarenhof gewesen, wohin er einige Bilder verkaufen konnte, die immerhin eine Kur ermöglichten, wäre es noch schlimmer bestellt gewesen. Vom Kaiser hörte er nichts mehr.

Herausforderung für Regisseure

Georg Büchner: *Woyzeck*, 1837

Es genügt diese eine Information zur schockierten Betrachtung eines mehr als ungewöhnlichen Dichterlebens: gestorben mit 23 Jahren. Welches Gesamtwerk soll da übriggeblieben sein? Was konnte unter diesen Umständen den Weg in die Ewigkeit bahnen? Theaterstücke standen im Vordergrund, zwei davon vollendet: *Dantons Tod* wurde in kurzer Zeit 1835 geschrieben, *Leonce und Lena* war das Produkt eines Wettbewerbs, den die Cotta'sche Buchhandlung mit 300 Gulden Preisgeld ausgelobt hatte. Das satirische Lustspiel wurde im Juli 1836 fertig, allerdings wegen Terminüberschreitung ungeöffnet zurückgeschickt. Zu dieser Zeit arbeitete Büchner an einem weiteren Drama, noch auf dem Sterbebett im Februar 1837, wo der an Typhus Erkrankte drei Entwürfe liegenließ. Der Bruder, der nach dem Tod eine erste Ausgabe vorlegte, nahm die Fragmente nicht auf. Er hatte sie kaum entziffern können und tat sich wohl auch schwer mit dem Stoff. Aber wir wissen es natürlich: Auf genau diesem letzten, nicht vollendeten und trotz aller Bemühungen in der Forschung bis heute nicht abschließend fertiggestellten Werk beruht in erster Linie Büchners Ruhm, seine bedeutende Rolle in der Geschichte der deutschen Literatur.

Behandeln wir zunächst eine weitere Hypothek, die dieses Leben schwer belastet hatte. Büchner starb in Zürich, nach gelungener Flucht aus einem Deutschland, wo er per Haftbefehl gesucht wurde. Der Sohn des Amts- und Stadtchirurgen in Darmstadt hatte sich seit dem Studium ab 1833 der Opposition gegen die Willkürherrschaft des Großherzogs in Hessen-Darmstadt angeschlossen, wirkte in einer Studentenverbindung mit radikalrepublikanischer Gesinnung mit, träumte von einer Revolution, wie sie zuletzt im Juli 1830 Frankreich erlebt hatte – mit dem Sturz der Bourbonen. So war er an der Sektion der Gesellschaft der Menschenrechte beteiligt, gründete den Preßverein mit, um Flugschriften verteilen zu können. Er selbst trug mit einer der radikalsten bei, dem *Hessischen Landboten* («Friede den Hütten! Krieg den Palästen!»). Die Freunde wurden verraten, Büchner als mutmaßlicher Verfasser per Haftbefehl gesucht, seine Wohnung inspiziert, ehe er sich selbst bei den Behörden meldete und noch einmal davonkam.

Büchner ließ nicht locker, die «Gesellschaft» wurde reorganisiert, der *Hessische Landbote* in einer zweiten Auflage verteilt, woraufhin wieder Verhaftungen erfolgten. In dieser Zeit, Anfang 1835, schrieb er sein Revolutionsdrama *Dantons Tod,* bei dessen Veröffentlichung der politisch gleich gesinnte, damals ungleich bekanntere Dichter Karl Gutzkow half. Büchner erhielt 100 Gulden, aber auch Vorladungen beim Untersuchungsrichter in Darmstadt, denen er diesmal nicht nachkam. Der Fahndung entging er durch Flucht nach Frankreich, ins relativ sichere Straßburg, wo er sein Studium fortsetzte – der Vater hatte mit ihm gebrochen, überwies aber Studiengeld. In Hessen hingen Steckbriefe, die nach ihm wegen «Theilnahme an staatsverrätherischen Handlungen» suchten. Unterdessen schrieb er an der Erzählung *Lenz,* die die Schilderung einer geistigen Zerrüttung zum Inhalt hat. Gutzkow bot ihm Arbeit: Übersetzungen aus dem Französischen für 100 Gulden. Auch *Leonce und Leon* sollte dem Unterhalt dienen.

Tatsächlich kam Büchner mit dem Studium weiter: Philosophie und Medizin, in Medizin speziell Anatomie. Mit einer Arbeit über das Nervensystem der Flussbarbe schaffte er die Promotion an der damals neu gegründeten Universität Zürich, wurde dort Privatdozent, hielt seine Probevorlesung «Über Schädelnerven» und begann eine Vorlesungsreihe zur «Geschichte der Philosophie». Immerhin wurde die Einreise in die sichere Schweiz behördlich positiv beschieden, auch der Vater söhnte sich mit ihm aus. Noch in Straßburg hatte er sich verlobt. Und mitten in diesem Aufschwung, aber auch Chaos: der *Woyzeck.* Es ist kein politisches Drama wie *Dantons Tod.* Es geht eher um die Unmenschlichkeit in einer Gesellschaft mit unüberbrückbaren Klassenschranken, in der Unterprivilegierte keine Chance haben.

Zugrunde liegt dabei ein historischer Fall, von dem auch der Name übernommen wurde. Der verabschiedete preußische Soldat Johann Christian Woyzeck, arbeitslos und auf der Straße lebend, ersticht in einem Eifersuchtsanfall seine Geliebte, wird von einem Arzt als zurechnungsfähig erklärt und zum Tod durch das Schwert verurteilt. Weil ein Privatgelehrter aufgrund der Halluzinationen des Angeklagten die Zurechnungsfähigkeit infrage stellt, wird die Urteilsvollstreckung zunächst aufgehoben, ein neues Gutachten der Leipziger Medizinischen Fakultät bestellt, das das alte bestätigt, woraufhin 1824 die Hinrichtung erfolgt.

Büchner verteilte diesen Stoff auf einzelne Szenen, die je für sich stehen, also keine stringente Abfolge bieten und in den verschiedenen Ausgaben auch unterschiedlich angeordnet sind. Überwiegend dreht es sich dabei um die «Behandlung», die Woyzeck zuteilwird. Der «Doktor» führt an ihm ein Ernährungsexperiment durch, bei dem dieser nur Erbsen essen darf und seinen Urin untersuchen lassen muss, bis er organische Störungen erlebt. Er führt Woyzeck auch seinen Studenten wie ein Tier vor, das sie betasten sollen. Der Hauptmann hält ihm einen Vortrag über Moral («Moral ist, wenn man moralisch ist, versteht Er»), dem Woyzeck hilflos entgegenhält, dass ihm dazu das «Geld» fehle. So kommt es zur Katastrophe: Als sein einziger Halt, die Geliebte Marie, sich mit dem Tambourmajor einlässt, ersticht er sie. Eine Verhaftung erfolgt nicht, damit auch kein Urteil. Die Szenen zeigen keine wirkliche «Handlung», sondern stellen einen

Menschen dar, den die Gesellschaft zum Tier gemacht hat.

1878 erschien der erste Druck in Fortsetzungen, zwei Jahre später die Aufnahme in die *Sämmtlichen Werke.* Das 20. Jahrhundert mit seiner Sensibilität für «offene Formen» brachte Neuedition nach Neuedition. Mittlerweile wird der *Woyzeck* in Form seiner «Entwurfsstufen» geboten. Geschadet hat es der Popularität nicht. Dazu trug nicht zuletzt die Oper bei, die Alban Berg 1921 fertigstellte (Uraufführung 1925 in der Berliner Staatsoper Unter den Linden). Der Titel *Wozzek* beruht übrigens auf Verlesen: In der «deutschen» Schrift gleicht das y sehr dem z, das ebenfalls eine Unterlänge besitzt. Und so nahm das vergleichsweise harmlose Unheil seinen Lauf. Geschadet hat es dem Werk nicht. Bis zur Unterbrechung von 1933 bis 1945 wurde es auf zahlreichen deutschen und internationalen Bühnen aufgeführt, es gehört mittlerweile zum festen Repertoire.

Letzte Verse aus dem Turm

Friedrich Hölderlin: *Der Frühling*, 1842

Jeder Tübingenbesucher kennt das «Turmzimmer», im Haus direkt am Neckar gelegen, wo Hölderlin von 1807 bis zu seinem Tod 1845 lebte, versorgt vom Schreinerehepaar Zimmer. Die meisten kennen auch den Grund des jedenfalls anfangs nicht ganz freiwilligen Aufenthalts. Hölderlin war als «geisteskrank» hierhergekommen, in Pflege gegeben, da er am Tübinger Klinikum als austherapiert galt.

Die Ereignisse, die 1806 zur Einweisung geführt hatten, sind trotz jahrzehntelanger Forschung nicht völlig geklärt. Fest steht, dass Hölderlins Leben äußerst schwierig verlaufen war. Aus einfachen Verhältnissen in Nürtingen stammend, hatte er in Jena studiert, Goethe und vor allem Schiller kennengelernt, der ihm bei der Veröffentlichung erster Gedichte half. Aber er war geflohen, weil er glaubte, Schiller enttäuscht zu haben, schlug sich als Hauslehrer durch, verlor die Stellen fast immer sehr schnell, die erste, weil er sich in die Frau seines Brötchengebers verliebte, der ihn hinauswarf. Aus Bordeaux, der letzten Stelle, soll er körperlich zerrüttet, wohl auch psychisch angeschlagen in die Heimat zurückgekehrt sein.

Aber er wurde aufgefangen. In Jena hatte er seinen Freund fürs Leben gefunden, Isaac von Sinclair. Der war mittlerweile im hessischen Homburg Regierungschef unter seinem Patenonkel Landgraf Friedrich V. geworden und verschaffte Hölderlin die Stelle eines Hofbibliothekars, die er aus eigener Tasche bezahlte. Es sah also gut aus 1804. Aber im nächsten Jahr folgte die Katastrophe. Man hatte sich in Homburg zur Rettung der Staatsfinanzen auf einen Hochstapler eingelassen, der aus Rache Sinclair und Hölderlin des geplanten Mordes an Kurfürst Friedrich II. von Württemberg bezichtigte. Der ließ sich die Beschuldigten ausliefern und machte Sinclair den Prozess, der jedoch mangels Beweisen im Sande verlief. Hölderlin schied nach Aussage des Denunzianten als «Geisteskranker» aus und kam so zur zwangsweisen Behandlung ins Tübinger Klinikum. Möglich, dass die dort verabreichten Medikamente seinen ohnehin nicht wirklich stabilen Zustand verschlimmerten.

Es gibt jedoch noch eine andere Deutung der Ereignisse, die der französische Literaturwissenschaftler Pierre Bertaux ins Spiel gebracht hat. Sinclair und Hölderlin hatten wie viele andere junge Männer die Französische Revolution erlebt und suchten auch für die eigenen politischen Verhältnisse nach Veränderung, nach Freiheit. Hölderlins Gedichte, zuletzt seine Sophokles-Übersetzung, übrigens das letzte von ihm selbst veröffentlichte Werk, zeugen von einer durchaus radikalen «republikanischen» Gesinnung. Am Homburger Hof hatte er sogar in der Tochter des Landgrafen eine verständnisvolle Ansprechpartnerin für solcherlei Gedanken, bei denen allerdings umstritten ist, wie weit sie «praktisch» wurden, gar Tyrannenmord einschlossen. Bertaux las dies etwa aus dem Gedicht *An Eduard* heraus, wo von einem «blinkenden Stahl» die Rede ist, vom «Fallen» der «Opfer». Immerhin gab die Tochter das Gedicht nicht für eine Veröffentlichung frei: weil sie genau wusste, was auf dem Spiel stand, und um ihren Schützling fürchtete? Jedenfalls vertrat Bertaux die These, Hölderlin habe seine Geisteskrankheit nur vorgespielt, als man ihn verhaftete, letztlich auch noch im Turm.

Tatsächlich geben die Gedichte dieser Zeit große Rätsel auf. Sie sind nicht mit den sprachlich virtuosen großen Hymnen vor 1804 vergleichbar, zeigen schlichte Formen, meist vierzeilige Strophen, paar- oder kreuzweise und immer äußerst sauber gereimt, überhaupt formal makellos. Nur sind sie fast nie datiert, vieles scheint vernichtet. Was zuletzt noch vorhanden war und dann kurz nach dem Tod erstmals veröffentlicht wurde, verdankt sich nicht zuletzt der Demonstration des Niedergangs eines einstigen Genies. Selbst Eduard Mörike, einer der Freunde, die den im Turm Lebenden besuchten, sprach von «äußerst mattem Zeug», in einem Fall allerdings auch von einem «diabolisch naiven». Und wenn dies nur die Folge von Verstellung gewesen wäre?

Gerade die allerletzten Gedichte weisen in diese Richtung, beispielsweise *Der Frühling,* eines der zahlreichen Jahreszeiten- und besonders Frühlingsgedichte. Es ist genau datiert, auf den 15. März 1842, und enthält auch eine Verfasserangabe: «Mit Untertänigkeit Scardanelli». Scardanelli? Die moderne Forschung vermutet hier ein Namenspiel: In «-rdanelli» könnte sich «-lderlin» verstecken, italienisch *scardassare* bedeutet «Wolle kämmen», eine Tätigkeit, die häufig von Geisteskranken ausgeübt wurde. Und das Datum? Könnte ausnahmsweise stimmen, denn oft ist es klar fingiert, mit einem «15. November 1759» im Gedicht *Der Herbst* zum Beispiel, elf Jahre vor der eigenen Geburt.

Wie lesen sich die Gedichte? Aus der Sicht der Zeitgenossen, die den Abstand zum Früheren vor Augen hatten, wirkten sie in der Regel hoffnungslos schlicht, scheinen die These vom geistigen Zusammenbruch zu bestätigen. Allerdings nicht für Gustav Schwab, den berühmten Verfasser der *Klassischen Sagen des Altertums,* auch ein Besucher Hölderlins, der die Gedichte durchaus ernst nahm und ihren literarischen Wert schätzte. Wer die moderne Literatur kennt, nimmt die Schlichtheit möglicherweise ohnehin anders, als Gegenprogramm zu Überkommenem, Hochstilisiertem. An Kunst mangelt es nicht, an Lautkunst zum Beispiel, wenn im Gedicht *Der Frühling* helle Vokale wie das ü und ei dominieren, in «Frühlingsregen», im «grünen Tal», in «der Blüten Weiß», im «heitren Tag». Und was ist mit der Aussage? «Der Frühlingshimmel weilt mit seinem Frieden, / Daß ungestört der Mensch des Jahres Reiz betrachtet, / Und auf Vollkommenheit des Lebens achtet.» Klingt das «verrückt»? Oder auch nur «verstellt»? Und wenn sich darin eine andere Art von Kunst zeigte, Wesentliches im Einfachen auszudrücken?

Niemand wird es je wissen. Die letzten Werke Hölderlins bleiben rätselhaft. Ihr heutiges Interesse verdanken sie zweifellos dem grandiosen Vorgängerwerk. Und nicht zuletzt ihrer Entstehung im idyllischen Turm als dem langen Aufenthaltsort nach einem eher kurzen, aber äußerst bewegten Dichterleben.

Selbstmordversuch zwischen zwei Variationen

Robert Schumann: *Geistervariationen*, 1854

Man wird das Werk, *Thema mit Variationen Es-Dur* für Klavier solo, kaum je im Konzertsaal hören. Dafür ist es zu schlicht. Am Thema liegt es nicht. Es erinnert an einen Choral, ein Stück Kirchenmusik, langsames Tempo, unkompliziert. Die fünf Variationen sind gut erfunden, man spürt den Könner, aber sie bieten keine Schwierigkeiten, die einen Pianisten glänzen lassen. Die dritte Variation ist etwas belebter, aber selbst sie kann ein geübter Laie vom Blatt spielen. Wer Schumanns Klavierwerke kennt, die *Kreisleriana* etwa oder gar das *Klavierkonzert a-Moll,* findet keinen Ansatz für einen Vergleich. Vielleicht erinnert das kleine Werk am ehesten an den Zyklus *Kinderszenen,* der ebenfalls geringe Anforderungen stellt und doch schöne Beispiele romantischer Musik enthält – man denke nur an die *Träumerei,* die man sogar in Einspielungen von Vladimir Horowitz und Lang Lang im Netz findet. Es ist so gesehen nicht die Schlichtheit allein, die zurückschreckt, es ist die Geschichte dahinter, die man einem Publikum dann doch nicht so gerne erzählen würde.

In dieses Buch dagegen passt sie – es handelt sich um Schumanns letztes Werk, das er im Februar 1854 komponierte, ein Jahr vor seinem Tod, genau in der Phase seines Lebens, in der jener «Wahnsinn» ausbrach, der ihn in die Nervenheilanstalt in Endenich, heute ein Stadtteil von Bonn, brachte. Es ist sogar noch dramatischer. Es gibt Anzeichen dafür, dass Schumann zwischen der Komposition der vierten und fünften Variation jenen Selbstmordversuch mit dem Sprung von der damaligen Pontonbrücke in den eiskalten Rhein unternahm, der misslang, weil der Brückenmeister ihn zusammen mit weiteren Helfern aus dem Wasser holte. Bedrückendere Umstände für die Hervorbringung eines Werkes lassen sich also kaum denken. Man kann selbstverständlich nichts davon hören. Aber wenn man es weiß, lassen einen die Gedanken an die Umstände kaum los. Gerade diese Schlichtheit hat etwas Schockierendes.

Die Krankheit ist übrigens nicht sicher diagnostiziert. Man geht von einer manisch-depressiven Störung aus, vielleicht ausgelöst durch eine Ansteckung mit Syphilis. Fest steht, dass Schumanns Leben nicht einfach verlaufen war. Nach gescheiterten Versuchen, in Leipzig die Nachfolge von Mendelssohn-Bartholdy anzutreten und zuletzt in Dresden eine Anstellung zu finden, war es immerhin ein Glück, dass er als Städtischer Musikdirektor nach Düsseldorf berufen wurde. 1850 zog Schumann mit seiner Frau Clara, einer tüchtigen Pianistin mit auch kompositorischer Begabung, in die Stadt am Rhein. Nach anfänglicher Begeisterung auf beiden Seiten stellten sich jedoch rasch Schwierigkeiten ein. Schumann war ein genialer Komponist, aber kein Dirigent, der mit Orchester und Chor zurechtkam. 1853 war der Eklat da, man musste ihm die Leitung der Abonnementskonzerte wegnehmen, um die Aufführungen sicherzustellen.

Noch war damit nicht alles zusammengebrochen. Im Winter ging Schumann mit seiner Frau auf Konzertreise in die Niederlande, die zum Triumph geriet. Man feierte den Sinfoniker, Clara glänzte als Starpianistin. Nur bei Hofe gab es einen kleinen Zwischenfall, als der Prinz Clara fragte, ob auch ihr Mann musikalisch sei. Die Bürger verstanden es besser und feierten das Paar gemeinsam mit Fackelzügen und Serenaden. Robert komponierte mit neuem Schwung kammermusikalische Werke, darunter Stücke für Cello und Klavier. Es bedeutete einen letzten Lichtblick, als er im Winter an den Hof in Hannover eingeladen wurde und dort auf zwei Hochkaräter traf, mit denen er begeistert zusammen musizierte: den jungen Johannes Brahms, den er kurz zuvor in Düsseldorf kennengelernt hatte und seither nachdrücklich unterstützte, und den Geigenvirtuosen Joseph Joachim, für den er sofort eine Sonate für Violine und Klavier schrieb.

Nach dem Abschied im Januar 1854 brach dann in Düsseldorf im Laufe des Februars die Krankheit mit voller Dramatik aus. Clara hielt in ihrem Tagebuch den Verfall täglich fest. Sie sprach, medizinisch unbewandert wie sie war, von einer «Gehöraffektation», was für uns heute nach

Tinnitus klingt, aber in einem äußerst gesteigerten Stadium. Schumann hörte nicht nur einen Dauerton, sondern ganze Musikstücke. An Komponieren war nicht zu denken, er beschäftigte sich stattdessen mit literarischen Arbeiten, bereitete eine Ausgabe seiner *Gesammelten Schriften* vor. Aber er versuchte immer wieder, zur Normalität zurückzukehren. Am 17. Februar schrieb er in der Nacht das Thema auf, das ihm von Geistern eingegeben erschien, fühlte sich von Engeln umschwebt, die ihm wundervolle Musik offenbarten. Aber zum Morgen hin verwandelten sich die Engel- in Dämonenstimmen mit grässlicher Musik, er schrie vor Schmerzen. Clara holte Ärzte, die ihn kaum halten, ihm noch weniger helfen konnten.

Dann wieder wurde er ruhiger, korrigierte sein Cellokonzert. Am 20. Februar las er nachts in der Bibel, konnte aber auch die Variationen niederschreiben, die ihm zum Thema einfielen. Nur kam es eine Woche später zum definitiven Tiefpunkt. Er wollte selbst in eine Anstalt, legte sich alles zusammen, verließ jedoch in einem unbeobachteten Moment die Wohnung, um sich das Leben zu nehmen. Der Versuch scheiterte, er kehrte zurück, komponierte in einer letzten Phase der Kontrolle die fünfte und damit letzte Variation, brachte das Ganze in Reinschrift. Dann ging es auf den Rat der Ärzte nach Endenich, dessen Anstalt einen guten Ruf genoss. Clara hatte den Zerfall nicht mehr erlebt, sie war mit den Kindern zu einer Freundin gezogen. Ihren Mann hatte sie auf Anraten der

Ärzte nicht mehr gesehen, nur mit ihm korrespondiert. Brahms und Joachim suchten den Kranken vor seinem Tod im Jahre 1856 jedoch auf, berichteten unterschiedlich über die Verfassung. Wirklich zu sich gekommen war er jedenfalls nicht mehr.

Es gibt zuletzt ein eigenartiges Nachspiel zu den *Geistervariationen,* wie man Schumanns Werk später nannte. Johannes Brahms setzte sich hin und schrieb eigene Variationen für vier Hände zum «Engelsthema» – Schumann hatte das Zeugnis der Gemeinsamkeit noch lesen können. Es handelte sich um Opus 23 und ist Laien nicht anzuraten, denn viel schwieriger geht es kaum.

Aufraffen als Ausnahme

Gioachino Rossini: *Petite Messe solennelle,* 1864

Von 1809 bis 1829 schrieb Rossini Opern, eine nach der anderen, darunter Riesenerfolge, aber auch Pleiten. Dann setzte er sich zur Ruhe, lebte die letzten Jahrzehnte in Paris und genoss dort die fünfhundertste Aufführung des *Barbiers von Sevilla* – als gemachter Mann. Als er 1854 eine erste schwere Krankheit überstand, komponierte er für seine Frau Olympe, die ihn aufopferungsvoll versorgt hatte («Die medizinische Fakultät soll sich schämen»), eine *Musique anodine,* eine «harmlose Musik» aus Klaviervorspiel und sechs Liedern mit Klavierbegleitung – nach zehn Jahren musikalischer Enthaltsamkeit. Auch 1861 griff er wieder nach der Feder, als es um ein Gedenkkonzert für den verstorbenen Luigi Cherubini ging. Dass er ansonsten ein Genießerleben geführt hätte, ist indes eine arge Übertreibung oder entspringt der Verwechslung mit Puccini. Schon sein Magen hätte es nicht mitgemacht. Seine Lieblingsspeise waren im Übrigen Makkaroni.

Aber die Musik gehörte dennoch zu diesem noch fast vier Jahrzehnte dauernden Leben nach der letzten Oper. Nicht nur, dass die musikalischen Samstagabende in seiner Villa nahe der Hauptstadt legendär waren. Rossini setzte sich immer wieder hin und schrieb etwas, nur eben nicht auf Bestellung. Die *Hymne auf Napoleon III. und sein tapferes Volk* war der Dank für die Aufnahme in die kaiserliche Ehrenlegion, ein Jahr vor dem Tod. Weiter arbeitete er zuletzt an seinen *Alterssünden,* fast zahllose Gesangsstücke mit Klavierbegleitung sowie Miniaturen für Klavier solo, ein Teil von ihm selbst zusammengefasst in vier Bänden, insgesamt 1100 Notenblätter.

Wer Rossinis Begabung für die Opera buffa kennt – auch wenn sogar Werke größten Erfolgs wie die *Semiramide* der ernsten Gattung angehören –, wird sich weniger wundern, wenn er in die Noten der *Alterssünden* schaut. Denn dort findet er Stücke unter dem Titel *Studentenfutter,* eine *asthmatische Etüde,* die *Fehlgeburt einer Polka,* einen *gefolterten* und sogar einen besonders virtuosen (klar, warum) *Rizinuswalzer.* Auch ein achtfaches Pianissimo muss der Spielwillige ausführen, wenn er sich durch die nicht selten komplizierten Stückchen arbeitet, gerne in fast sämtlichen Tonarten nach Art von Bachs *Wohltemperiertem Klavier.* Höchste Kunst und Spiellaune also dicht nebeneinander, Ernsthaftes, aber nicht ohne Alberei. Und dann doch noch die ganz große Ausnahme am Ende des Lebens, nicht ganz am Ende, sondern 1863, aber mit einer Überarbeitung wirklich kurz vor dem Tod. Gemeint ist die *Petite Messe solennelle,* die «Kleine Festmesse». Der Comte Pillet-Will hatte in Paris eine Privatkapelle errichtet, die es einzuweihen galt.

Teilweise erklärt dieser Anlass die etwas merkwürdige Begleitung von Chor und Solisten mit zwei Klavieren (davon eines nur zur Verstärkung an besonders lauten Stellen) sowie Harmonium. Allerdings kaum die Bezeichnung als «kurz» bei immerhin 80 Minuten Aufführungsdauer. Und auch im Sinne von «schlicht» wäre der Titel arg missverstanden. Der Pianist muss Virtuoses bewältigen, Chor und Solisten sind sehr gefordert, auch wenn nirgends opernhafte Koloraturen auftauchen. Rossini demonstriert vielmehr, dass er auch dieses andere Genre beherrscht: den traditionellen Kirchenstil.

Er hat ihm sogar demonstrativ ein Denkmal gesetzt, denn er übernahm von seinem damals schon verstorbenen Freund Louis Niedermeyer ein Stück für das Kyrie. Dieser Niedermeyer aber hatte gegen die modische «neue» Musik gekämpft, die die Sinfonik in die Kirchen trug – Paris war ein regelrechter Kampfplatz geworden. Dabei hatte Rossini selbst viel übrig für einen wichtigen Vertreter dieses «Neuen», nämlich für den Orgelbauer Aristide Cavaillé-Coll, der genau die Instrumente in die Kirchen setzte, auf denen die «sinfonische» Orgelmusik etwa eines Charles Widor dann blühen sollte. Und wieder gibt es eine versteckte Verbindung zu Rossinis Messe. Denn der damals noch blutjunge Cavaillé-Coll hatte ihm einst, als bei einer Opernaufführung eine Orgel fehlte, als Ersatz ein neu entwickeltes Harmonium zur Verfügung gestellt, das den Meister begeisterte.

Allerdings wäre Rossini nicht Rossini, wenn er das Zustandekommen des Ensembles auf dem Titelblatt der Partitur nicht etwas anders geschildert hätte. Man liest nämlich zur Besetzung: «Zwölf Sänger der drei Geschlechter – Männer, Frauen und Kastraten – genügen für ihre Aufführung, d.h. acht für den Chor und vier für die Soli, im ganzen zwölf Cherubin. Oh Gott, verzeihe mir die folgende Zusammenstellung. Zwölf ist auch die Zahl der Apostel.» Während jedoch unter diesen nach dem *Abendmahl* von Leonardo da Vinci ein Verräter war, werde es bei seinem «Frühstück» keinen solchen geben, «und meine Jünger werden richtig und mit Liebe deine Lobpreisungen und diese kleine Komposition singen, die leider die letzte Todsünde meines Alters ist». Woraufhin die Sänger dann einiges an Schwierigkeiten bewältigen müssen, zum Beispiel die großen Chorfugen am Ende von Gloria und Credo, die Solisten in ihren Einzel- und Ensembleeinsätzen sowieso. Was genau dann etwa das «Allegro cristino» im Credo zu bedeuten hat, gehört wieder zum Jocus, auf den Rossini auch in einer Messe nicht verzichtete.

Und wer vielleicht mäkelt, dass es nicht das allerletzte Werk war, mag die folgenden Zeilen lesen, die sich auf der letzten Seite der Partitur finden: «Lieber Gott, da ist sie, die arme kleine Messe. Ist es wirklich geistliche Musik, die ich da geschrieben habe, oder am Ende gar Musik des Teufels? Ich bin für die Opera buffa geboren, wie Du genau weißt. Ein wenig Geschick, ein wenig Herz – das ist alles. Sei also gesegnet und gewähre mir den Einzug ins Paradies». Wie gesagt, dann kam auch noch eine Art Überarbeitung, nämlich eine Orchestrierung, um möglichen fremden Federn zuvorzukommen, die das Ganze dann à la Hector Berlioz den Chor «erschlagend» oder gar unter Einsetzung von Saxophonen ausgeführt hätten. Lange Zeit dominierte diese Bearbeitung die Aufführungen, weil die – in der älteren französischen Messe durchaus übliche – Fassung für Klavier und Harmonium zu fremd wirkte. Heute ist es jedoch wieder sie, die bevorzugt wird.

Gerade noch geschafft

Jacques Offenbach: *Hoffmanns Erzählungen*, 1881

Kein Werk hatte eine längere Entstehungsdauer – vier Jahre. Und das bei einem Komponisten, der auch einmal fünf Operetten in einer einzigen Saison auf die Bühne brachte. Aber dieses Werk wollte er unter allen Umständen, sehnte die Uraufführung herbei, setzte dafür den Theaterdirektor unter Druck, schrieb bzw. korrigierte als Schwerkranker auf dem Bett weiter, nachdem er sich für eine erste Probe ins Foyer hatte tragen lassen. Und er wurde fertig – fast. Die Sängerpartitur lag zuletzt ausgearbeitet vor, dazu der Orchesterpart als eine Art Klavierauszug mit Angaben zur Instrumentierung. Die Familie gab das Ganze nach seinem Tod an einen Mitarbeiter weiter, der die notwendigen Ausführungen und Ergänzungen vornahm. Dann kam die Uraufführung in der Pariser Opéra comique zustande. Es wurde ein Erfolg, der sich nach und nach zum Welterfolg ausweitete. Keine Oper wurde bis heute in Paris öfter aufgeführt als Jacques Offenbachs *Hoffmanns Erzählungen* und Georges Bizets *Carmen*. Wobei es das Erlebnis der *Carmen* war, das Offenbach den Anstoß zu seiner eigenen Oper gegeben hatte.

Man muss sich die Unwahrscheinlichkeit dieses letzten Werkes einmal vor Augen führen. Offenbach hatte zeitlebens neben Cellostücken – er war Virtuose auf diesem Instrument – «Operetten» geschaffen, die er selbst als «Opére bouffe» bezeichnete, vielleicht am treffendsten sein Wiener Verehrer Karl Kraus als «Offenbachiaden». Die Operette war damals wie heute die Wiener Operette eines Johann Strauss oder Franz Lehár, die Opéra bouffa ein Stück Parodie, Satire, Travestie in schmissiger musikalischer Ausführung – man denke nur an den unsterblichen Cancan aus *Orpheus in der Unterwelt.* Immer wieder hatte sich Hoffmann weit vorgewagt, in seiner *Großherzogin von Gerolstein* mit der Bloßstellung von Militarismus und höfischer Günstlingswirtschaft trotz des für Paris reichlich weit entfernten Schauplatzes in der deutschen Kleinstaatenwelt Verbot und polizeiliche Ermittlung provoziert – nicht gleich bei der vielbelachten Erstaufführung zur Pariser Weltausstellung von 1867, aber im Deutsch-Französischen Krieg vier Jahre später. Offenbach wich damals nach Wien aus, wo ohnehin ebenso wie in Berlin seine Stücke immer sogleich nach den Pariser Uraufführungen erschienen. Aber in der nachfolgenden Republik gewann Offenbach Terrain zurück, war wieder ein Star in Paris und schrieb seine Stücke nun für den neuen Geschmack.

Mehr als hundert dieser «Operetten» waren zuletzt beisammen. Da kam die Idee der Oper, nicht so wie bei den in Wien uraufgeführten *Rheinnixen,* die als «romantische Oper» überschrieben sind, aber ganz auf der Linie seiner sonstigen Werke lagen. Nein, er wollte mit einer «richtigen» Oper in die Musikgeschichte eingehen. Der große Erfolg seiner umjubelten Konzerttournee nach Amerika zur dortigen Weltausstellung von 1876 hatte den großen Misserfolg bei der Pleite seines Pariser Theaters ausgeglichen, er war fortan finanziell unabhängig. Dafür aber drohte etwas anderes: Krankheit, Erstickungsanfälle. Die Zeit drängte. Und so sah er sich nach einem Stoff um, fand einen, den er seit Jahrzehnten kannte: die *Contes d'Hoffmann*, «Geschichten von E. T. A. Hoffmann», die 1851 von Jules Barbier und Michel Carré als Bühnenstück ausgearbeitet worden waren. Mittlerweile saß jemand an einer Opernfassung, aber Hoffmann konnte ihm die Rechte abkaufen. Dann musste er nur noch schreiben. Ein Wettlauf überschießender Kreativität mit der körperlichen Hinfälligkeit.

Vielleicht war der Stoff wirklich nicht besonders günstig gewählt. Was Offenbach angezogen haben muss, war das «Romantische» an Hoffmann, die Welt des Phantastischen, Bedrohlichen, ja Abseitigen. Keine Parodie oder Travestie als Form der Kritik an der Politik, aber eine Möglichkeit, die bürgerliche Existenz gründlich als Scheinwelt oder Welt des Scheins zu entlarven. Drei Erzählungen Hoffmanns gerieten ins Zentrum, alle mit scheiternder Liebe befasst. Darum herum dann die Rahmenhandlung mit einem Hoffmann als auftretender Person, der die dreimal gescheiterte Liebe selbst erzählt. Und das mit einem weiteren Rahmen umgeben. Denn Hoffmann erzählt es in einer Kneipe seinen Zechkumpanen, während die nächste Geliebte, Stella, gerade im Opernhaus beim *Don Giovanni* mitwirkt. Und dann ist da auch noch die «Muse» Hoffmanns, die ihn von seinen unglücklichen Liebschaften dadurch befreien will, dass sie ihn zur Literatur zurückzubringen sucht. Alles reichlich kompliziert also in den ohnehin komplizierten Handlungen, die Hoffmann bietet. Dass Offenbach nicht wirklich fertig wurde, führte zu einem Chaos an Fassungen, aus dem bis heute jeder Regisseur auszuwählen hat. Womit noch gar nicht die Frage beantwortet ist, was letztlich das Ganze «soll». Sind das alles Wahngebilde, die Hoffmann erlebt, die Frauen nur eine einzige in immer neuer Vervielfältigung? Dass sie in der Regel mit einer einzigen Sängerin besetzt werden, bietet nicht unbedingt Klarheit.

Und doch sind die einzelnen Akte von umwerfender «Schönheit», auch Geschlossenheit in sich. Im ersten, den man als eine Art Prolog betrachten kann, haben wir die Weinstube mit der Muse, die gegen den Alkohol ansingt, während Hoffmann das *Lied von Kleinzack* vorträgt, mit dem er sich derart in seine Traumwelt steigert, dass die Studenten ihn mühsam ins Leben zurückrufen müssen. Worauf der wohl bekannteste Akt folgt – mit der singenden Puppe Olympia, in die sich Hoffmann verliebt, weil man ihm eine Zauberbrille gibt, die das Maschinenhafte verbirgt. Natürlich folgen die Hörer gebannt der Sopranistin, die wiederholt zusammenzuklappen droht und wieder aufgezogen werden muss. Der dritte Akt bietet dann eine echte Tragödie, in der die Geliebte verzaubert ist, nicht singen darf, weil Singen sie umbringt, es unter dem Einfluss des Zauberers natürlich trotzdem tut – und Hoffmann fassungslos zurücklässt. Im vierten Akt ist die Geliebte eine Kurtisane, die Umgebung eine Lasterhöhle, in der sich eine Intrige abspielt, die Hoffmann einmal mehr als Verlierer dastehen lässt – aber vorher erklang die *Barcarole,* eines der berühmtesten Stücke Offenbachs überhaupt. Das Ende gehört dann der Muse und wieder den Studenten, aber gerade hier herrscht der schon angedeutete Ergänzungsbedarf.

Fast wäre die so dramatisch zustande gekommene Oper kurz nach der durchaus gelungenen Uraufführung doch noch für immer verschwunden, als nämlich bei der zweiten Wiener Aufführung das Ringtheater spektakulär abbrannte. In Berlin tat sich das Publikum aus schlichterem Grund, nämlich mangels Hoffmann-Kenntnissen schwer. Aber wir wissen es ja schon: Der Erfolg kam zurück, Offenbachs Ruhm wuchs und wuchs. Rossini hat ihn in ein besonders schönes Bonmot gefasst, als er den Komponisten als den «Mozart der Champs-Elysées» bezeichnete.

Von Erlösung und Rassenschande

Richard Wagner: *Parsifal,* 1882

Seine letzte Oper? Die letzte ja, aber nicht Oper. Der *Parsifal* ist als «Bühnenweihfestspiel» ausgewiesen, bestimmt für einen einzigen Ort, nämlich Bayreuth, zu dem die Zuschauer pilgern mussten, idealerweise an einem Karfreitag, auch wenn die Uraufführung in den Hochsommer fiel, auf den 26. Juli 1882. Der *Ring des Nibelungen,* für «drei Tage mit einem Vorabend» gedacht, war bereits ein «Bühnen*festspiel*», ebenfalls zunächst für Bayreuth reserviert. Der *Parsifal* steigert dies noch, und man erkennt den Grund: Sein Inhalt ist religiös bestimmt, die Handlung *spielt* an einem Karfreitag. Aber es geht gerade nicht um eine bestimmte Religion, etwa das Christentum, es geht um eine Alternative zur Religion: um *Kunst* als Religion, man kann auch von «Kunstreligion» sprechen. Das späte 19. Jahrhundert hat dies in großer Breite vorbereitet, aber niemand hat so rigorose Konsequenzen gezogen wie Wagner. Vor allem aber verbindet sich bei ihm diese Kunstreligion mit einer mehr als peinlichen philosophisch-politischen Überzeugung. Was der Komponist in zahlreichen Schriften offen diskutierte, ist nirgends mehr als in dieses Bühnenweihfestspiel eingegangen: ein Lehrstück von Rassismus und Antisemitismus.

Man sollte über diese peinliche Seite Bescheid wissen, wenn man sich mit der grandiosen Musik beschäftigt. Zugrunde liegt zunächst einmal Harmloses: das hochmittelalterliche Epos *Parzival,* das in Deutschland Wolfram von Eschenbach in Anlehnung an den französischen *Perceval* des Chrétien de Troyes erzählt hatte. Darin geht es um einen Mann, der väterlicherseits zu den Artus-Rittern gehört, mütterlicherseits zur Gralswelt. Seine Aufgabe: Er sollte den Gralshof mit seinen «rein» lebenden Rittern erlösen, den ihr Oberhaupt Amfortas durch ein sexuelles Abenteuer lähmte, dem lebensspendenden Gral seine Kraft entzog. Voraussetzung der Erlösung ist die Mitleidsfrage, die Parzival erst im zweiten Anlauf stellt und damit das Epos sehr verlängert, ehe es zur Erlösung kommt. Es ist nicht viel, was davon bei Wagner übriggeblieben ist. Nicht einmal den Namen bewahrte er, weil er sich von einer falschen persischen Etymologie leiten ließ (*parsi* und *fal* für «reiner Tor») und «Parsifal» schrieb, statt dem korrekten französischen «Taldurchdringer» zu folgen.

Viel wichtiger aber: Wagner ändert die Wolfram'sche Figur der Kundry grundlegend. Aus der aus Indien stammenden Gralsbotin, die Parzival wegen der nicht gestellten Mitleidsfrage verflucht, wird die Jüdin, die Christus auf seinem Weg nach Golgotha verlachte und deshalb zur immer neuen Wiedergeburt verurteilt wurde, bis jemand ihrer sexuellen Verführung widersteht – Amfortas nicht, erst Parzival gelingt es. Dies aber steigert sich zu wahrlich

Ekelerregendem: Kundry wird bei Wagner zur rassisch Minderwertigen, das sexuelle Vergehen von Amfortas zur «Rassenschande». Die gesamte «Privatmythologie» Wagners ist darauf abgestimmt, überall verbindet sich die Reinheitsphantasie mit der Verteufelung des Sexuellen.

Dabei griff Wagner auf Motive aus ganz verschiedenen Bereichen zurück. Im Vordergrund steht Christliches. Kundry wird getauft. Die Lanze stammt aus den Evangelien, es ist die «heilige Lanze», mit der der römische Soldat einst Christi Tod festgestellt hat. Der Gral ist das Gefäß, in dem Joseph von Arimathäa nach dem apokryphen Nikodemus-Evangelium das vom Kreuz geflossene Blut Christi aufgefangen hat. Wagner machte aus dem Stein bei Wolfram wiederum die Schale bei Chrétien, stellte diese Schale aber auch als Symbol der weiblichen Vulva der phallischen Lanze gegenüber. Wenn Parsifal einst sündhafterweise einen Schwan erlegte, passt dies genauso zu buddhistischen Vorstellungen wie die Wiedergeburten Kundrys, die daneben an den «ewigen Juden» Ahasver mit seiner Verdammung zur Wiedergeburt erinnern. In Parsifals Initiation auf der Gralsburg kann man schließlich Freimaurerisches erkennen.

All das aber geht letztlich ein in philosophische Ideen Schopenhauers, die Wagner damals beschäftigten: die Vorstellung von wahrer Liebe als Mitleid, geschlechtlicher Liebe als einer verkappten Form der Selbstsucht, von der nur Verzicht erlösen kann. Bei Schopenhauer lag diese

Erlösung in der Verneinung des Willens zum Leben und der Abtötung des Geschlechtstriebs als stärkste Ausprägung dieses Lebenswillens. Wagner verband all dies mit der Urteufelin Kundry, die die Männer mit ihrer Verführung in Sünde stürzt, und dann auch noch mit dem Nebengedanken, dass diese Sünde aufgrund rassischer Unterlegenheit die Reinrassigkeit verseucht. Was Wagner als Bühnenweihfestspiel zur christlichen Religion in Parallele setzt, war nicht nur eine Kunst-, sondern auch eine Rassenreligion.

Die Geschichte der Inszenierungen gerade dieser «Oper» gleicht entsprechend einem Tanz auf dem Vulkan. Als die Sperrfrist abgelaufen war, gab Barcelona die erste auswärtige Aufführung, auf Italienisch und nicht an Karfreitag, sondern an Silvester. Wieland Wagner suchte 1951 eine Wende mit einer «abstrakten» Darstellung unter Verwendung von Lichtsäulen um eine leere Fläche. Wolfgang Wagner ließ 1975 Kundry textwidrig nach ihrer Taufe am Leben und stellte die autoritäre Ritterwelt kritisch dar. In der Berliner Staatsoper verließ 1977 Kundry zusammen mit dem Ritter Gurnemanz die Gralsburg als Ort von Unmenschlichkeit. Rolf Liebermann zeigte 1982 bei seiner Genfer Inszenierung während der Verwandlungsmusik des ersten Aktes eine Atomexplosion.

Keine moderne Inszenierung verzichtet also auf Möglichkeiten, mit Wagner'schen Handlungselementen zu brechen oder sie abzuwandeln. Die Frage, weshalb man nicht am besten ganz auf eine Aufführung verzichtet, kann nur beantwortet werden mit dem Hinweis auf eine Musik, die tatsächlich die Musikgeschichte entscheidend beeinflusst hat. Wagner erweiterte das Orchester mit Blechblasinstrumenten («Wagnertuben»), erzeugte überhaupt völlig neue Klangfarben. Die Harmonik bricht spätestens seit dem *Tristan* («Tristan-Akkord») aus den «normalen» Tonarten aus, wirkt uneindeutig, und dies verbunden mit extremer Chromatik. Statt des üblichen Nebeneinanders von Arie, Rezitativ, Ensemble «fließt» bei Wagner alles ineinander, gebunden lediglich durch die sogenannten Leitmotive, die er den späten Opern beigab. Man hat alles in allem früh von einer «Krise» der klassisch-romantischen Musik gesprochen, die letztlich in die Moderne führt. Wie auch immer man dies beurteilt – Adorno sprach in ätzender Weise von der Entstehung der Filmmusik –, faktisch haben fast sämtliche neueren Komponisten mindestens bis Gustav Mahler und Richard Strauss auf diese Musik zurückgegriffen und sie weiterentwickelt. Gerade der *Parsifal* ist als letzte Oper dabei besonders wichtig gewesen.

Frucht einer frommen Lüge

Theodor Storm: *Der Schimmelreiter*, 1888

Im Jahre 1930 schrieb Thomas Mann einen Essay über Theodor Storm. Darin gibt es eine bemerkenswerte Stelle. Mann pries die Ärzte, die Storms zuvor klar diagnostizierten Magenkrebs als Irrtum bezeichneten. Man hatte in der Familie befürchtet, dass der Dichter die Wahrheit nicht ertragen, auf sie mit Schwermut reagieren werde. Tatsächlich führte die «fromme Lüge» zu schöpferischer Euphorie – und zu einem literarischen Geschenk: dem *Schimmelreiter*. Soweit Thomas Mann, dessen Aussage durch Briefe Storms gestützt wird, auch wenn man nie genau wissen kann, ob er damit nur seinen Sohn trösten wollte. Tatsächlich kam die berühmteste aller seiner Novellen zustande, die in Nordfriesland zu einer Art Nationalepos wurde, aber auch in ganz Deutschland mit dem Namen des Dichters verbunden blieb.

Ganz selbstverständlich war der späte Ruhm nicht. Storm hatte viel geschrieben, viele Novellen vor allem, aber doch nicht derart «gute». Er selbst haderte mit dem frühen Erfolg von *Immensee* von 1850, zu seinen Lebzeiten mehr als sechzigmal neu aufgelegt, aber alles in allem doch eine etwas schwülstige Geschichte über eine zerbrochene Jugendliebe. Da war anderes durchaus besser gelungen, *Pole Poppenspäler* zum Beispiel mit dem schwierigen Zusammentreffen von Künstlertum und bürgerlicher Welt, auch das Thema der Hexenverfolgung in *Aquis submersus.* Storm selbst sah sich ohnehin eher als Lyriker, lieferte auch in dieser Hinsicht «Nationalepisches» für den noch engeren Horizont der ursprünglich Husumer Heimat – wer kennt nicht die Zeilen «Am grauen Strand, am grauen Meer / Und seitab liegt die Stadt …», Husum eben, das gar nicht namentlich genannt wird, gedichtet im Jahre 1852?

Aber all dies lag lange zurück. Storm hatte sich nach seiner Tätigkeit als Amtsgerichtsrat in Husum gesundheitlich bereits angeschlagen frühpensionieren lassen, war 1880 nach Hademarschen, 80 Kilometer von Husum entfernt, gezogen und hoffte auf eine Existenz als reiner Schriftsteller. Mit viel erfolgreicheren Kollegen seiner Zeit stand er in Verbindung, in persönlicher wie brieflicher. Theodor Fontane gehörte dazu, dessen Wort von der «Husumerei» durchaus nicht respektlos gemeint war, weiter Eduard Mörike und der Schweizer Gottfried Keller. Auch mit dem damals Berühmtesten von allen tauschte er Briefe aus, mit *dem* Novellisten seiner Zeit, der in München als Dichterfürst lebte, den Literaturnobelpreis erhielt und doch heute nur noch Germanistikstudenten bekannt ist oder sein sollte: Paul Heyse. Mit einem anderen Literaturnobelpreisträger hatte er in seiner Berliner Studentenzeit Freundschaft geschlossen und war mit ihm auf die Suche nach norddeutschen Sagen gegangen: mit Theodor Mommsen, dem großen Altertumsforscher, Professor in

Berlin und Autor der ebenso berühmten wie dickleibigen *Römischen Geschichte.*

Und nun also, mitten in den neuen Anlauf, die erst niederschmetternde, dann widerrufene Nachricht vom Krebs Anfang 1887, im siebzigsten Lebensjahr. Gerade hatte er die Novelle *Ein Bekenntnis* geschrieben. Darin tötet ein Arzt aus Mitleid seine krebskranke Frau und erfährt erst danach, dass diese Art von Krebs heilbar gewesen wäre. Jetzt aber lag auf dem Schreibtisch das lange gesammelte Material zu einer neuen Novelle, die leicht unvollendet hätte bleiben können. Dabei kam ihm der Stoff entgegen wie kaum ein anderer: eine Heimatgeschichte um Deichbau und Landgewinnung, angereichert mit Schauerelementen, nicht zuletzt ein zeitgemäßes Problem behandelnd: nämlich das Aufeinandertreffen von Tradition und Modernisierung, was das Ganze aus der bloßen «Husumerei» herauszuheben versprach.

Storm nahm sich entgegen seiner Gewohnheit viel Zeit, sammelte noch mehr als ein Jahr Stoff. Zur Sturmflut besaß er als Husumer durchaus eigene Erfahrungen. Aber er studierte auch die historischen Ereignisse, die Große Flut von 1634 zum Beispiel. Vor allem holte er sich Expertenrat. Der Bauinspektor Christian Eckermann, Autor zahlreicher Veröffentlichungen zum Thema Deichbau, bot ihm sein Wissen an, berichtete ihm über moderne Methoden, zum Beispiel den zur Seeseite hin abgeschrägten Deich, der den anrollenden Wassermassen die Kraft nehmen soll. Aber wie ließ sich daraus eine Novelle mit Niveau entfalten, wie sollte der Stoff literarisch geformt werden?

Eine erste Antwort gibt die Rahmenerzählung, die ungewöhnliche dreifache Rahmung dieser Novelle. Storm erzählt nicht los, sondern berichtet zunächst über die Quelle der Handlung – der erste Rahmen. Dann tritt ein Reisender in einem Wirtshaus auf, der sein Erlebnis von einem wie ein Gespenst wirkenden Reiter wiedergibt – der zweite Rahmen. Dazu bietet dann ein Schulmeister die Erklärung mit der sagenumwobenen Geschichte vom Schimmelreiter – der dritte Rahmen. Dieser Schulmeister aber geht auch auf Distanz zu dem, was er erzählt, schiebt die schauerlichen Elemente aufs Konto abergläubischer Dörfler. Das auf diese Weise Geschilderte bleibt also eigenartig in der Schwebe, stellt dem Hörer Fragen. Vor allem die, ob der Reisende nicht doch das gesehen hat, was der Schulmeister ins Reich der Phantasterei zu schieben sucht: den Wiedergänger, der auf ewig seine Schuld abbüßen muss, indem er bei Sturmfluten mit seinem Schimmel auftaucht und die Menschen warnt. Sehr viel kunstvoller lässt sich eine Novelle nicht anlegen.

Es geht darin um Hauke Haien, einen Außenseiter, der lieber Bücher liest als zu spielen, aber auch kaltherzig eine Katze tötet. Er heiratet überraschend die Tochter des amtierenden Deichgrafen, folgt ihm im Amt nach. Die Ehe verläuft unglücklich, Haien beschäftigt sich ausschließlich mit einem neuen, modernen Deich, der einen Landgewinn brachte. Auch als seine Frau ein geistig behindertes Kind zur Welt bringt, kümmert sich Haien ausschließlich um Deich und Koog, verliert jeden Halt bei seinen Mitbürgern, sieht zu spät, dass der alte Deich von Mäusen zerfressen ist. Bei einer Sturmflut bricht dieser, zur Rettung müsste der neue Deich geöffnet werden, aber Haien verhindert es. Da tauchen Frau und Kind auf, ertrinken in den Fluten, in die Haien auf seinem Schimmel nachspringt, um seine Schuld zu sühnen. Der Leser weiß, dass der neue Deich von Anfang an verflucht war, weil sich sein Erbauer geweigert hatte, «etwas Lebendiges», einen Hund, in ihm zu vergraben. Aber er weiß auch: Es war nicht der Fluch, es war der Aberglaube, der zur Katastrophe führte.

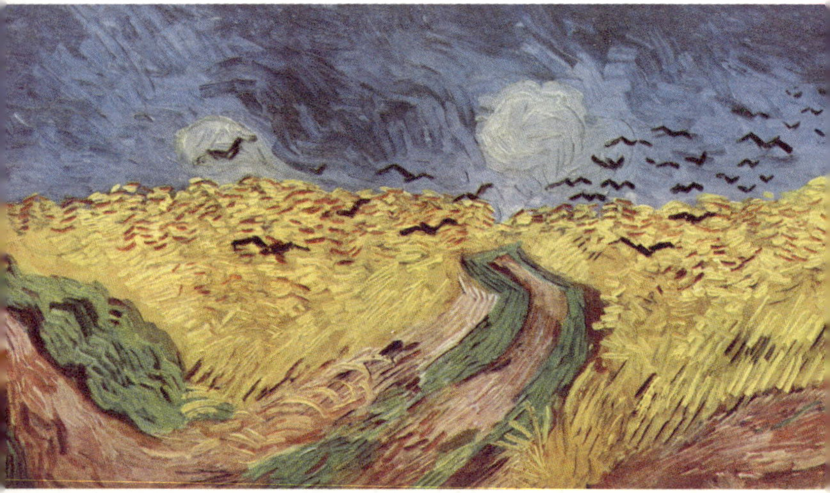

Standhafte Johanna

Vincent van Gogh:
Weizenfeld mit Krähen, 1890

Um es gleich zu sagen: Welches Bild van Goghs letztes war, lässt sich nicht ermitteln. In den siebzig Tagen, die er im Juni/Juli 1890 vor seinem Selbstmord in Auvers-sur-Oise nördlich von Paris lebte, waren Bilder in einer Dichte wie nie zuvor entstanden – rund achtzig Gemälde und ähnlich viele Zeichnungen. Als man ihn in seiner Dachkammer aufbahrte, hängte man einige davon im Zimmer an die Wände: das *Porträt der Arzttochter Marguerite Gachet am Piano,* die *Kirche von Auvers im Regen,* die *Ebene von Auvers* und einige weitere, darunter auf jeden Fall auch das *Weizenfeld mit Krähen.* Vielleicht verblieb das wirklich letzte Bild sogar auf der Staffelei, als van Gogh sich, durch den Bauchschuss schwer verletzt, zurück in die Herberge schleppte, wo ihm die herbeigerufenen Ärzte nicht mehr helfen konnten und er zwei Tage später verstarb. Das *Weizenfeld mit Krähen* gehört also zu «den» letzten und wirkt beim Betrachten ja wirklich so, wie man sich den Ausdruck tiefster Verzweiflung vorstellt: fast leere Landschaft, nur diese schwarzen Vögel, Wege, die im Nichts enden. Wer dann auch noch aus dem Vogelflug die Initialen VvG herausliest, geht entschieden zu weit. Aber die Symbolik des Weizenfelds hatte der Maler selbst in einem Brief an den Bruder Theo offengelegt: «Es sind endlos weite Kornfelder unter trüben Himmeln, und ich habe den Versuch nicht gescheut, Traurigkeit und äußerste Einsamkeit auszudrücken.»

«Traurigkeit», «Einsamkeit»: Man weiß, was biographisch dahintersteht. Der Niederländer van Gogh hatte in Frankreich Erfolg gesucht, war in Arles mit Paul Gauguin zusammengetroffen, in Paris mit Camille Pissarro. Aber der Erfolg stellte sich nicht ein, auch wenn die Rede von nur einem Verkauf Legende ist. Hilfe suchte er bei seinem Bruder Theo, der in Paris in einer Galerie angestellt war und das Menschenmögliche unternahm, für Absatz zu sorgen. Als ein erster Zusammenbruch erfolgte, suchte van Gogh Besserung in der Heilanstalt von Saint-Rémy-de-Provence. Mit neuem Mut ging er danach zum Bruder. Nur folgte hier die tiefe Enttäuschung. Der hatte gerade geheiratet, war Vater geworden und musste sich um die Familie kümmern. Van Gogh reiste wohl Hals über Kopf ab nach Auvers, nahm eine Pistole und schoss sich in den Bauch. Was er natürlich nicht wissen konnte: Auch der Bruder erkrankte schwer: Dementia paralytica, wahrscheinlich ausgelöst durch eine Syphilis. Ein Jahr später war er tot, wurde auf dem Friedhof von Auvers neben den Bruder gebettet, wo man auf gleichen Grabsteinen liest: *Ici répose …*, «Hier ruht …». Damit beginnt eine Geschichte völlig anderer Art: der Aufstieg van Goghs zu einem der größten Maler der Kunstgeschichte.

Man kann sich zunächst die Ausgangsposition ausmalen. Theo van Gogh hatte eine Kunstsammlung zusammengetragen, vom Bruder stammte der gesamte Nachlass. Und dies alles türmte sich bei der 28-jährigen Witwe Johanna van Gogh, die damit in die alte Heimat zurückkehrte, in ein Dorf in der Nähe von Amsterdam. Was der junge Vincent beim Auszug in die große Welt bei der Mutter zurückgelassen hatte, war mittlerweile verloren. Gemälde und Zeichnungen gingen an einen Altwarenhändler, der sie auf einen Karren lud und für ein paar Gulden verscherbelte – heute kaum vorstellbar. Johanna hätte dasselbe tun können, tat es aber nicht, im Gegenteil. Sie war vom kommenden Erfolg überzeugt, sichtete und ordnete, darunter auch den umfangreichen Briefverkehr der Brüder, die sich zeitweilig mehrmals täglich geschrieben hatten. Daraus sollte Jahre danach ein Buch werden, das den Aufstieg van Goghs nicht wenig unterstützte.

Was aber geschah mit den Bildern, um die fünfhundert Gemälde und noch viel mehr Zeichnungen? Nach dem späteren Bericht des Sohns von Johanna und Theo, der bezeichnenderweise wie der Bruder Vincent hieß, soll Johanna ein Angebot von 2000 Gulden für zweihundert Gemälde erhalten haben. Aber sie rückte nichts heraus, nicht zu diesem Spottpreis, auch wenn sie keine Ahnung hatte, auf wie vielen Millionen sie saß – pro Bild. Nur in der schlimmsten Not gab sie einige Bilder weg, um zum Beispiel die Transport- und Verpackungskosten bei den ersten kleinen Ausstellungen zu bezahlen: einmal vier Ölgemälde für zusammen 800 Gulden, darunter die *Mäher im Kornfeld.* Ansonsten hielt sie alles zusammen. Der Sohn sprach trotz der Not vom «schönstmöglichen Elternhaus», weil immer mehr Besucher kamen, Ausstellungen vorbereitet wurden, ein Leben für ein Lebenswerk seinen immer erfolgreicheren Lauf nahm.

Dann kam Julius Meier-Gräfe: Journalist, Schriftsteller, Kunstverrückter. In Paris hatte er zunächst für den Jugendstil gekämpft, dann den wesentlich revolutionäreren Impressionismus entdeckt und schließlich jemanden zum Helden der ganzen Bewegung erkoren – Vincent van Gogh. Erste Gemälde sah er auf Ausstellungen und erwarb selbst den *Garten des Dichters* von Johanna. Daraus entwickelte sich eine weitere Zusammenarbeit, befeuert durch immer neue publizistische Aktionen. Meier-Gräfe schrieb die erste Biographie des Malers: *Vincent van Gogh* begründete dabei, mit zahlreichen Legenden ausgeschmückt, das Bild des «Anarchisten», der, an Erfolg uninteressiert, nur in seiner Kunst lebt – bis in die Blasphemie vom «Christus der modernen Kunst». Aber es half. Die Sezessionen, die vom «Auszug» der ersten Impressionisten aus der Pariser «Akademie» stammen, verbreiteten sich in ganz Europa. In der Berliner Sezession von 1901 war van Gogh bereits mit fünf Gemälden dabei, darunter das *Selbstporträt mit verbundenem Ohr.* München folgte, dann verging kein Jahr ohne Beteiligung von van Gogh an den großen Ausstellungen. Die Museen griffen zu, etwa das Museum Folkwang in Hagen, die Galerien ohnehin. 1914 erschien im Verlag Paul Cassirer die von Johanna herausgegebene deutsche Ausgabe der Briefe. Und der gleiche Cassirer, unterstützt von seiner Frau, der Schauspielerin Tilla Durieux, wurde zum bedeutendsten Anbieter van Gogh'scher Gemälde in Deutschland – in Zusammenarbeit mit Johanna.

Der Erste Weltkrieg stoppte noch einmal den Höhenflug, aber danach ging es umso rasanter weiter. Meier-Gräfe legte mit einem Buch nach, diesmal eine Biographie in noch abenteuerlicherer Romanform, bei der mittlerweile der Vorname als Titel genügte: *Vincent*. Was vielleicht den letzten Anstoß zur Weltgeltung bot, war ein Kunstkrimi, der sich – nach frühen Fälschungen – mit einem Fälscher im professionellen Stil befasste, mit dem Tänzer Otto Wacker alias Olindo Owael. 1931 wurde er verurteilt, nach der Revision das Urteil sogar noch verschärft auf eineinhalb Jahre Gefängnis und 30 000 Mark Geldbuße. Van Gogh war jetzt in den Olymp aufgestiegen. Seine Gemälde waren zeitweilig die teuersten der Welt. Das *Weizenfeld mit Krähen* nimmt am Wettlauf um den höchsten Preis nicht mehr teil. Es ist im Van Gogh Museum in Amsterdam gegen normalen Eintrittspreis zu sehen.

Oper über die Oper

Giuseppe Verdi: *Falstaff*, 1893

Es gibt Opernfans, die in jeder Aufführung auf eines warten: auf das hohe C. Ich gehöre nicht dazu, aber ich warte auch: auf gewisse Finale. Mozarts *Don Giovanni* oder Beethovens *Fidelio* sind nicht schlecht, aber die «Italiener» konnten es einfach besser. Rossinis *Barbier von Sevilla* hat so einen Renner, nicht am Schluss, sondern schon nach dem ersten Akt. Unfassbar, wie die Solisten und der Chor die halsbrecherischen Passagen meistern – ein schierer Rausch, bei dem der Dirigent das eine oder andere Pfund verlieren kann. Es gibt noch mehr dieser grandiosen Finale, eines davon bietet der *Falstaff*, diesmal wirklich am Ende, also nach dem dritten Akt. Wo gerade von «halsbrecherisch» die Rede war: Hier trifft es mindestens in gleicher Weise zu wie bei Rossini. Kunststück: Wir befinden uns nicht nur in der italienischen Oper, sondern beide Male im Buffo-Fach. Verdi kannte Rossini, schätzte ihn, was sich nicht zuletzt darin ausdrückte, dass er am für ihn bestimmten Requiem mitwirkte, bei dem sich insgesamt dreizehn Komponisten die Arbeit teilten.

Aber zurück zum *Falstaff*, Verdis letzter und auch vollständig fertiggestellter Oper, fast möchte man hinzufügen: als – er war damals achtzig – Abschied gedachter Oper mit einem Finale, das man auch textlich als eine Art abschließendes Motto dieses reichen und überaus erfolgreichen Komponistenlebens ansehen kann: *Tutto nel nondo è burla,* «Alles auf Erden ist ein Spaß». Es heißt, Verdi habe damit unter anderem gegen eine zu seiner Zeit neue Tendenz angehen wollen: gegen den sogenannten Verismo, eine nicht nur «wahrheitsliebende», sondern auch grobschlächtige Oper, wie es etwa Pietro Mascagni gerade mit seiner *Cavalleria rusticana* vorexerziert hatte: Mord im ländlichen Milieu mit triebgesteuerten Bauernfiguren, die ihren Mord im Alkoholrausch vollführen und dann in einer Arie den «Roten» besingen, der zu «feurig» war. Auch Georges Bizets *Carmen* mit Arbeiterinnen einer Tabakfabrik und zerlumpten Schmugglern gehört dazu. Nichts für einen schönheitsliebenden und kunstvernarrten Verdi.

Man kennt ja dessen reiches Gesamtwerk, das 1839 mit ersten Versuchen begann, ehe mit dem *Nabucco* zwei Jahre später ein Durchbruch gelang, der den Italienern den Gefangenenchor als heimliche Nationalhymne bescherte. In den 1850er Jahren erschienen die großen Erfolgsstücke fast im Jahrestakt: *Rigoletto* 1851, *Il trovatore* und *La Traviata* jeweils 1853. Zur Einweihung des Suezkanals am Weihnachtsabend 1871 lieferte er *Aida* und wartete durchaus in Unruhe zuhause auf die telegraphische Nachricht von Erfolg oder Misserfolg – es war ein Riesenerfolg. Und es war nicht zu Ende damit. *Otello* erschien 1887 und dann eben ganz zuletzt noch der *Falstaff* 1893. Zwischendurch hatte er ein Werk geschrieben, das viele fast im Ernst für seine «schönste Oper» halten: die *Messa da Requiem* von 1874. Als jemand ihn selbst nach seinem «besten Werk» fragte, soll er geantwortet haben: die *Casa Verdi* in Mailand, jenes von ihm gestiftete Altersheim für Sänger und Musiker mit bis zu sechzig Insassen, das bis heute besteht. Aber Verdi war ohnehin für Witz und Ironie bekannt, gab in seinem Pass als Beruf «Bauer» an, was er tatsächlich insofern war, als er gerne in seinem Landhaus weilte und zusah, wie um ihn herum alles grünte und gedieh.

Falstaff, zum letzten Mal jetzt wirklich zurück zu dieser Oper, die musikalisch insofern heraussticht, als es nun nicht mehr die großen Arien der Sopranistinnen und Tenöre mit ihren hohen Cs sind, die die Wirkung verbürgen, sondern die Ensembles. Der Inhalt ist verwickelt, wie bei Komödien üblich – es liegt Shakespeare zugrunde mit *Die lustigen Weiber von Windsor* und *König Heinrich IV.* Aus letzterem Werk, das eigentlich den Aufstand des Adels gegen einen Usurpator behandelt, stammt der Ritter Sir John, ein großspuriger Lebemann ohne Geld, der sich im Wirtshaus betrinkt und die Welt des Genusses gegen die der Politik stellt. Der gleiche Sir John steht aber auch im Mittelpunkt der *Lustigen Weiber*, wo er zwei ebenso hübschen wie vermögenden Damen die Ehe verspricht, sie aber nur um ihr Vermögen prellen will, um alsbald von ihnen in eine Falle gelockt und bestraft zu werden. Beide

Handlungszüge werden im Opernlibretto unter der Figur des Sir John Falstaff zusammengeführt, immer bemüht um möglichst viel Turbulenz.

Im ersten Akt wollen Falstaffs Diener die verlogenen Briefe nicht übermitteln, warnen stattdessen die Frauen sowie deren Männer, die sofort Intrigen planen. Als eine der Frauen verkleidet das Gasthaus aufsucht und Falstaff zu einem Stelldichein einlädt, kann das Spiel beginnen, zu dem auch noch ein echtes Liebespaar gehört – Verdi braucht einen strahlenden Tenor –, das gegen drohende Zwangsverheiratung zueinanderfinden will. Im zweiten Akt treffen die Verkleideten und Unverkleideten aufeinander, spielen Wandschirm und Wäschekorb als Verstecke mit, bis Falstaff aus Letzterem ins Wasser entleert wird. Folgt im dritten und letzten Akt ein weiteres Stelldichein, diesmal im mondbeschienenen Park, in dem eine Geistermaskerade aufgeführt wird und Falstaff in einem hohlen Baum vergeblich Zuflucht sucht, als angeblich das «wilde Heer» auftaucht. Natürlich wird der Ritter entdeckt, ein als Hexenmeister vermummter Akteur soll das «Ungeheuer» beschwören, was in einer schmerzvollen Bastonade oder auch Tracht Prügel endet, die als gerechte Rache für die Betrügereien bzw. Betrugsversuche dienen soll.

Aber dann fallen die Masken und alles nimmt ein gutes Ende, vor allem für das Pärchen, das jetzt heiraten darf. Die Schlussfuge kann beginnen, es sind genügend Sängerinnen und Sänger da, die sich in rasenden Tonfolgen miteinander verbinden, auf Scheinschlüssen für einen Augenblick stehenbleiben, um zum Beispiel Falstaff Gelegenheit zu geben, im Piano alle für die Geprellten zu erklären, ehe es in erneuter Raserei weitergeht. In strahlendem C-Dur erklingt das Credo vom Menschen als «Tor» und dem «Spaß auf Erden» als einzig wirklich erreichbarem Ziel. Eine Oper hat gezeigt, was eine Oper zu bieten hat. Der Dirigent darf sich nach dem tosenden Schlussakkord die Stirn wischen.

Ende nach rauschendem Finale

Pjotr Tschaikowski: 6. *Sinfonie (Pathétique)*, 1893

Zum Alexander-Newski-Kloster in Sankt Petersburg ist es mit der U-Bahn nicht weit. Steigt man aus, erreicht man zu Fuß rasch die Kathedrale und den um sie liegenden Friedhof. Im Oktober 1893 herrschte in beidem großer Andrang. Pjotr Tschaikowski war plötzlich im Alter von 53 Jahren verstorben, erhielt hier seine Totenmesse und das Grab, das man leicht findet – vom Eingang her gleich rechts an der Mauer, nicht weit entfernt von den Gräbern großer Kollegen wie Michail Glinka, Alexander Borodin und Modest Mussorgski. Es verschlägt heutzutage nicht allzu viele Touristen an diesen stillen und würdigen Ort.

Ein Paukenschlag aber damals, denn Tschaikowski stand auf dem Gipfel des Erfolgs. Wenige Wochen zuvor hatte er sein letztes Werk in der Zarenstadt dirigiert, die *6. Sinfonie.* Sie sollte ursprünglich «Programmsinfonie» heißen, und es gibt auch Andeutungen zum Inhalt: erster Satz: Tod, zweiter: Liebe, dritter: Enttäuschung, vierter: Ersterben. Wobei man wissen muss, dass zwei langsame Sätze zwei rasche umrahmen, vor allem am Ende also kein rauschendes Finale steht, sondern – nach seinen eigenen Worten – «ein gemächliches Adagio». Natürlich setzte nach dem realen Tod sofort das Hineingeheimnissen ein:

Großfürst Konstantin, ein enger Freund und Bewunderer, hatte von einem «Requiem, einem richtigen Requiem» gesprochen. In allen Sätzen gibt es Motive in absteigender Notenlinie – «das» Todesmotiv? Am Tag nach der Uraufführung aber übernahm Tschaikowski begeistert den Vorschlag seines Neffen «Bob», statt von einer «Programmsinfonie» mit geheim gehaltenem Programm von der «Pathétique» zu sprechen. Also nichts von Tod und Todesahnung, auch wenn im ersten Satz tatsächlich ein Motiv aus der russischen Totenmesse anklingt.

Aber es klingt eben auch vieles andere an, ein Walzer im Fünfvierteltakt im zweiten Satz etwa, wie er in der russischen Volksmusik üblich ist. Und ein Triumphmarsch im dritten Satz, in Dur nach all dem h-Moll der umgebenden Sätze. Wobei auch in diesen die Stimmung ständig schwankt, zwischen einem fünffachen Pianissimo im ersten Satz und dem gleich darauffolgenden aufbrausenden Fortissimo im nächsten. Nein, *Pathétique* trifft es einfach besser, denn das ist Tschaikowskis Welt ohnehin in Zeiten der Spätromantik. Immer ist diese Musik voller Pathos, schwelgt in Gegensätzen, stellt unterschiedlichste Klangwelten gegeneinander, bietet auf noble Weise Rausch. Für den Rausch Wagner'scher Sorte hatte er nur Verachtung, als er ihn in Bayreuth erlebte. Und in der *6. Sinfonie* schien er seinen Idealen am nächsten gekommen. In Briefen an den Bruder Modest und den Neffen schrieb er es immer wieder: Dieses Werk, von dem er nicht ahnte, dass es sein letztes sein würde, sei sein bestes: «Ich liebe es, wie ich nie zuvor eines meiner musikalischen Produkte geliebt habe.»

Dabei ging Tschaikowski mit sich selbst nicht zimperlich um. Die *Es-Dur-Sinfonie,* die er kurz zuvor angefangen hatte, fand er misslungen, wollte sie verbrennen und entnahm ihr zum Schluss Materialien für andere Werke – für ein *3. Klavierkonzert,* aber auch für die *6. Sinfonie.* Dass das Werk später rekonstruiert und als *7. Sinfonie* in die Geschichte einging, hätte ihm sicher missfallen. Im Übrigen gab ihm die Geschichte recht. Zwar existieren über die Uraufführung der *Pathétique* unterschiedliche Zeugnisse – einmal sollen die Musiker zögerlich reagiert haben, einmal restlos begeistert –, aber nach seinem Tod war es gerade dieses Werk, das den Ruhm begründete.

Wie war es zu diesem letzten Werk, das nicht als das letzte geplant war, gekommen? Schon einmal, drei Jahre zuvor, hatte Tschaikowski ein Werk für sein «größtes» gehalten – die Oper *Pique-Dame* von 1890. Sie hatte ihn letztlich aus seinen finanziellen Sorgen befreit, nachdem seine Mäzenin, Frau von Meck, ihm in einem Brief die Beendigung der Rente nach vierzehn Jahren angekündigt hatte. Genau in diesem gefährlichen Moment war der Erfolg gekommen und geblieben. Nach ersten europäischen Konzerttourneen folgte 1891 die lang ersehnte in die Vereinigten Staaten, nach New York vor allem, wo er in der Music Hall, der späteren Carnegie Hall, sein *1. Klavierkonzert* aufführte und Begeisterungsstürme erntete.

Sein Mentor Nikolai Rubinstein hatte ihm das Werk einst als «armselig» zurückgegeben und auf gründlicher Umarbeitung bestanden. Aber Tschaikowski änderte nichts, mit Recht.

Auch sonst hielt der Erfolg an, wenn man von dem Knick mit der Oper *Der Woiwode* absieht, die er wieder einmal verbrennen wollte. Im Falle des nächsten Versuchs mit der *Iolanta* saß der Zar in der Generalprobe und äußerte sich wohlwollend, es folgten Kompositionsaufträge. In der Doppelpremiere der Oper zusammen mit dem Ballett *Der Nussknacker* war der Erfolg wieder da. Die europäischen Bühnen griffen längst zu. In Hamburg dirigierte ein damals kaum bekannter Bewunderer seine Oper *Eugen Onegin* – es war der junge Gustav Mahler, der später die Idee mit dem langsamen Schlusssatz einer Sinfonie nachahmen sollte.

Bleibt da das Rätsel des Todes. Man weiß, dass Tschaikowski homosexuell war und sich in seinen jungen Neffen Bob verliebt hatte, den «hundertfach Göttlichen». Man weiß auch, dass er unter seiner Veranlagung litt, sie durch eine Ehe überdecken wollte, die sofort scheiterte. Der plötzliche Tod wurde mit der Homosexualität in Verbindung gebracht. Die Forscherin Alexandra Orlowa wollte 1979 von einem «Ehrengericht» wissen. Danach hätten russische Honoratioren, die sich am Umgang des Komponisten mit seinem Neffen stießen, Tschaikowski erpresst: Skandal oder Selbstmord mit Arsen. Der Komponist habe

Arsen gewählt. Der Neffe selbst verfocht von Anfang an eine andere These. Danach sei der Onkel an der in Sankt Petersburg grassierenden Cholera gestorben, habe unachtsam in einem Restaurant ein Glas nicht abgekochten Wassers getrunken, das die Infektion auslöste. Die Auseinandersetzung konzentrierte sich auf so merkwürdige Indizien wie die Tatsache, dass Abschiednehmende den Toten nach russischer Sitte auf den Mund geküsst hätten, was bei einem Tod durch Cholera kaum möglich gewesen sein könne.

Die Diskussion ist also wenig ersprießlich. Fest steht, dass Tschaikowskis Bruder Modest, ohne die spätere Diskussion zu kennen, schrieb: «Seine Seelenstimmung war in den letzten Tagen weder ausschließlich fröhlich noch besonders gedrückt. Im Kreise seiner intimen Freunde war er munter und zufrieden … Nichts gab Anlass, an das Herannahen des Todes zu denken.» Tschaikowski hatte die *6. Sinfonie* übrigens Bob gewidmet und ihn zum Haupterben eingesetzt, dieser erhielt alle Tantiemen.

Zum Schluss der Anfang

Johannes Brahms: *Elf Choralvorspiele*, 1896

Die große Zeit der Orgel war der Barock. Der Orgelbau blühte, Orgelwerke entstanden in Fülle. In der Klassik dominierte dann das Orchester. Mozart schrieb für die mechanische Orgeluhr, um Geld zu verdienen, Beethoven wurde aus dem gleichen Grund sogar offiziell Organist, glänzte aber später in seinen Klavierkonzerten. Erst in der Romantik bahnte sich eine gewisse Rückkehr an. Felix Mendelssohn-Bartholdy grub nicht nur Bachs *Matthäuspassion* aus, er schrieb wieder Präludien und Fugen in den Spuren des großen Vorbilds. Aber es dauerte mit dem Aufschwung. In Frankreich bis zu den großen Virtuosen César Franck oder Charles-Marie Widor an ihren Pariser Orgeln Ende des 19. Jahrhunderts, in Deutschland bis zu Max Reger noch etwas später. Ganz vergessen war das Instrument jedoch nie, zumal es jeder aus den Gottesdiensten kannte. Aber auch Bach reizte, hatte er doch Wesentliches seiner großen Kunst in Werken für dieses Instrument vorgelegt. Entsprechend finden wir Orgelmusik in Nischen auch bei denen, denen man sie vielleicht nicht zutraut, Brahms zum Beispiel. Zweimal in seiner Karriere, in der Anfangszeit der 1850er Jahre und dann am Ende sogar als letztes Werk bietet er Orgelmusik. Zugegeben in versteckter Form, nicht einmal Opuszahlen hat er für nötig befunden.

Gerade bei Brahms, der das Klavier virtuos beherrschte, daneben recht ordentlich Horn blies, war es weniger das Instrument als solches, das lockte – er litt sogar unter dem notwendigen Üben. Es war Bach bzw. dasjenige an Bach, was alle Komponisten aller Zeiten immer reizte: die Kunst des Kontrapunkts, das «Technische» am Komponieren, in barocken Werken regelrecht sichtbar, aber auch in klassisch-romantischen von großem Nutzen. Bei Fugen zum Beispiel. Man muss eben wissen, wie es geht mit der «Beantwortung» eines Themas, mit dem Fortspinnen durch alle Stimmen, mit seiner Umkehr, mit der Vergrößerung der Notenwerte oder Verkleinerung und so weiter und so fort. Man war immer fasziniert davon, wie aus «Lehr- und Lernbarem», aus Kunst im technischen Sinne, klanglich Reizvolles entsteht, Kunst im ästhetischen Sinne. Immer hatte man Bachs *Wohltemperiertes Klavier* vor Augen und staunte, wie die Fugen immer neu entstanden, trotz der «Gesetze» voller Leben. Brahms hat genau dies gesagt: Eine Fuge könne jeder Schüler schreiben (oder sollte es wenigstens), aber wie bekommt man sie ans «Klingen»? Er hat es jedenfalls versucht.

Im Jahre 1856 – erste Klavierwerke waren anonym entstanden, Robert Schumann hatte ihn gefördert, mit ihm und seiner Frau Clara stand er in engem Austausch – vertiefte er sich in das Handwerkliche, den Kontrapunkt, und tat sich dazu mit dem Geigenvirtuosen Joseph Joachim zusammen. Als Beispiel schrieb er eine Fuge in der äußerst entfernten Tonart as-Moll (mit sieben bs), in der er «romantische» Chromatik mit Bach'schem Formempfinden mischte – Joachim und Clara Schumann äußerten sich äußerst positiv über den musikalischen Wert des kleinen Werks. Seine Stimmung aber passte dann auch zum Tod Schumanns im gleichen Jahr. 1858 entstand noch ein Choralvorspiel mit Fuge über «O Traurigkeit, o Herzeleid». Sie enthält eine Widmung an Robert und Clara, aber man muss auch das musikalische Interesse sehen. Natürlich folgte der Durchbruch nicht mit solchen Experimenten, sondern mit dem *1. Klavierkonzert in d-Moll* im Jahre 1859.

Der Erfolg war da, Brahms ging nach Wien, die Orgel war weit weg. Vier Sinfonien entstanden, ein weiteres Klavierkonzert, ein Violinkonzert (für Joachim), viel Klaviermusik für zwei und vier Hände, Kammermusik mit und ohne Klavier, zahlreiche Chorwerke wie *Ein deutsches Requiem,* ein Riesenstrauß von Liedern. Selbst die Stadt Hamburg, die den aus Hamburg Stammenden lange geschnitten hatte, ernannte ihn zum Ehrenbürger, von zahllosen weiteren Ehrungen abgesehen. Brahms war in Deutschland eine Institution, zumal er in eine von ihm kaum begrüßte Rivalität zu einem weiteren Giganten geriet, zu Richard Wagner. Lager entstanden, viele unsinnige Urteile auch. Dabei lässt sich die Fortsetzung der

Musikgeschichte weder ohne den einen noch den anderen denken.

Und dann tauchte noch einmal in diesem erfüllten Leben die Orgel auf. Diesmal waren es Choralvorspiele, für die Bach ebenfalls das Vorbild geliefert hatte. Ein Choral soll nicht einfach mit Akkorden begleitet, sondern in einer kleinen Komposition vorgestellt werden – nach Möglichkeit sein geistlicher Gehalt in musikalisch anspruchsvoller Entsprechung. Die Melodie ist also stets erkennbar, wird aber von vielfältigen Stimmen umwoben, durchaus wieder nach «Regeln der Kunst». Brahms liebte diesen Umgang mit festen Formen, mit «Zwang» – man denke an die Passacaglia im letzten Satz seiner *4. Sinfonie,* wo in einer Seitenstimme stets die Melodie wiederholt wird. Auch 1896 setzte er sich an eine solche Form, eben das Choralvorspiel. Er war schwer krank, wollte oder konnte sich nicht mehr an Großes wagen, wohl aber an Kleines, das reizte.

Und so entstanden die *Elf Choralvorspiele* nach Texten, die überwiegend Tod und Sterben gewidmet sind – *O Welt, ich muss dich lassen, Herzlich tut mich verlangen* etwa, aber auch *Es ist ein Ros entsprungen.* Als die ersten sieben fertig waren, erhielt er die Nachricht vom Tod Clara Schumanns, reiste zur Beerdigung nach Bonn und schrieb dann an den Stücken weiter. Natürlich geht die Stimmung ins Komponieren ein, aber es dominiert weiter dieses eigenartige Verlangen nach Bewältigung strenger

Formen. Er sprach selbst davon, dass die Kompositionen «enorm schwer zu machen» seien, aber dass «eine solche Arbeit» ihn «interessiert». Musikwissenschaftler haben längst herausgefunden, dass Bachs Vorbild gelegentlich durchblickt. Bei der ersten Bearbeitung von *Herzlich tut mich verlangen* ist es ganz deutlich, die zweite klingt mehr nach ihm selbst. Wie er sich schon bei der *as-Moll-Fuge* über die Anerkennung von Clara Schumann oder Joseph Joachim gefreut hatte, freute er sich auch jetzt über Zuspruch von Freunden, denen er die kleinen Werke gerne zusammen mit dem offiziellen letzten Werk vorspielte, den *Vier ernsten Gesängen* für Bass und Klavier über Texte des Alten Testaments.

Aber es kam auch der Druck und damit die öffentliche Aufführung. Schon die *as-Moll-Fuge* wurde in den 1870er Jahren wiederholt gespielt, zum Beispiel in der Stuttgarter Stiftskirche auf ihrer großen Walcker-Orgel. Die *Elf Choralvorspiele* waren sofort nach dem Tod als postumes «letztes Werk von Johannes Brahms» greifbar und wurden in Konzertprogramme aufgenommen, etwa vom Organisten des Berliner Doms, Heinrich Reimann. Heute gibt es zwei wundervolle Gesamteinspielungen von Anne Horsch und Martin Schmeding. Sie füllen immerhin eine CD.

Für sich selbst geschrieben

Theodor Fontane: *Der Stechlin*, 1899

Als am 30. Juli 1898 Bismarck starb, setzte ein bizarres Gerangel um seine Grablege ein. Kaiser Wilhelm II., der den einst allgewaltigen Kanzler entlassen hatte, wollte ihn als Zeichen später Wiedergutmachung in die prunkvolle Fürstengruft im Berliner Dom holen. Bismarck selbst hatte sich jedoch längst von den Hohenzollern verabschiedet und als letzte Ruhestätte sein Herrenhaus Friedrichsruh bestimmt, das ihm Wilhelm I. einst geschenkt hatte. Mitten in den Auseinandersetzungen schrieb Fontane das kleine Gedicht *Wo Bismarck liegen soll.* Aber nicht das Plädoyer für Friedrichsruh ist das Bemerkenswerte, sondern die Tatsache, dass die Zeilen am 3. August in der *Vossischen Zeitung*, einer der führenden in Berlin und ganz Deutschland, die erste Seite einnahmen. Man kann auch sagen: Fontane hatte es geschafft, war zu den literarischen Großen aufgestiegen, deren Wort etwas galt.

Was damals noch niemand wusste: 1898 hatte er sein Lebenswerk gekrönt, mit zwei Büchern, die zusammen entstanden waren und auch zusammengehören: mit dem letzten großen Roman *Der Stechlin* und der Autobiographie *Von Zwanzig bis Dreißig* – das Ganze erinnert durchaus an Goethe. Das Erscheinen der Autobiographie erlebte er noch, der Roman erschien 1899 bereits postum.

Wenn man es etwas vereinfacht, kann man sagen: Fontane hatte zunächst Romane geschrieben, die die soziale Entwicklung seiner Zeit verarbeiteten. In *Irrungen, Wirrungen* stellte er beispielsweise eine Ehepraxis bloß, die das Standesgemäße der Liebe vorzog, in *Effi Briest* kritisierte er den längst überholten Ehrbegriff im Zusammenhang mit dem verbotenen, aber immer noch praktizierten Duellwesen. Man hat nicht zu Unrecht von «Zeitromanen» gesprochen. Zuletzt aber griff Fontane ein neues und nicht unriskantes Thema auf: die Politik, wollte nach seinen eigenen Worten einen «kleinen politischen Roman» liefern, den er selbst als einen «großen, noch dazu politischen» bezeichnete. Wie er in der Autobiographie seine Entwicklung nach der 1848er Revolution mit dem Eintreten für Demokratie und Parlament schilderte, ist genau diese allmähliche und für einige Beteiligten schmerzvolle Wende auch im Roman das Grundthema. 1895 hatte er das Werk begonnen, das gesamte Jahr 1896 hindurch an ihm geschrieben und 1897 für einen ersten Vorabdruck in verschiedenen Zeitungen fertiggemacht, ehe er bis zuletzt an der Buchfassung feilte. Angesichts der gut fünfhundert Seiten war dies eine enorme Leistung, wozu auch noch die Abfassung der etwa gleich umfangreichen Autobiographie kommt – er machte selbst seine Witze über die beiden «dicken Bände», die sich als «Kofferbeschwer» bestens eigneten.

Wie war diese Leistung möglich und wieso ganz zuletzt, bei erheblichen Gesundheitsproblemen? Die Antwort liegt darin, dass es kaum einer Recherche bedurfte, keines Zeitungsberichts etwa, den es aufzugreifen und mühevoll in seinen Kontext zu stellen galt. Fontanes Inhaltsangabe des Romans ist berühmt: «Zum Schluß stirbt ein Alter, und zwei Junge heiraten sich; – das ist so ziemlich alles, was auf 500 Seiten geschieht.» Natürlich stimmt dies nicht, es gibt immer neue Treffen der Akteure mit endlosen Gesprächsrunden, in denen Gott und die Welt durchgehechelt werden. Und zwischendurch geschieht auch etwas. Es gibt zum Beispiel eine Reichstagsnachwahl, der alte Dubslav von Stechlin, Herr vom gleichnamigen Gut am gleichnamigen See, fällt als Vertreter der Konservativen durch, wird von einem Sozialdemokraten förmlich aufs Altenteil geschickt. Fontanes Roman ist keineswegs handlungsarm, wenn man auf die minutiöse Beschreibung eines Epochenwandels mit Untergang und Neubeginn achtet.

Wobei der entscheidende Punkt vielleicht darin liegt, dass Fontane der Hauptfigur des Untergangs, seinem Alter Ego Dubslav, ebenso sympathische Züge verleiht wie der Hauptfigur des Neuen, seinem zweiten Alter Ego in Gestalt des spitzzüngigen Hauptmanns Czako. Überhaupt hat er die feinen Unterschiede auf äußerst lebendige Figuren verteilt, von denen keine einzige wirklich in (nur) eine Schublade passt, wie sich in den Gesprächen zeigt.

Dubslavs Halbschwester Adelheid, die 77-jährige Domina von Kloster Wutz, steht noch am ehesten für die Tradition, kritisiert rauchende Frauen als unweiblich, schlachtet aber selbst sehr männlich Gänse. Pastor Lorenzen vertritt die Kirche, ist jedoch im Herzen Sozialdemokrat. In der Familie Barby, die in Berlin als dem zweiten Zentrum der Gespräche wohnt, gibt es die stille Tochter Armgard und die emanzipierte Melusine, wobei Dubslavs Sohn Woldemar, selbst durchaus fortschrittlich, die stille heiratet. Dubslav erlebt und genießt noch das große Fest, ehe er stirbt, alle zusammenkommen und aufs Neue darüber reden, wie Vergangenheit und Zukunft sich ablösen. Melusine bietet dafür die Losung: «Alles Alte, soweit es Anspruch darauf hat, sollen wir lieben, aber für das Neue sollen wir recht eigentlich leben.»

Das zitieranfällige Wort hat allerdings eine Grundlage, die den Roman letztlich zusammenhält. Melusine verweist auf etwas, das diese Lehre gewissermaßen vorzeigt. Es ist der Stechlin, nicht die Hauptfigur, sondern der See, mit dem es eine Bewandtnis hat, auf die immer wieder verwiesen wird: Er reagiert auf das Rumoren in aller Welt, in Java wie in Island, lässt einen Wasserstrahl aufsteigen, in dem «in schweren Fällen» zwischen den Strudeln ein roter Hahn erscheint. Der See lehrt so gesehen «den großen Zusammenhang der Dinge», warnt davor, sich «abzuschließen». Und der Hahn versinnbildlicht selbstverständlich die Revolution, die immer droht, wenn sich das

Rumoren steigert bzw. nicht rechtzeitig erkannt oder gar ignoriert wird.

Fontane hat so gesehen seinen letzten Roman als politisches Vermächtnis angelegt, als Warnung, die überall sichtbaren Zeichen des Wandels zu ignorieren. Im unmittelbar vorausgehenden Roman, den *Poggenpuhls,* hatte er seine Preußen- und Gesellschaftskritik vielleicht noch deutlicher formuliert. Der *Stechlin* als sein letztes Werk tritt gewissermaßen einen Schritt zurück, lässt noch einmal das Überlebte in seinen sympathischen Zügen vor den Augen des Lesers erstehen. Dafür riskierte er sogar etwas, worauf es ihm sein Leben lang immer durchaus angekommen war: den Erfolg. Der Abschied, den er wohl fühlte, versüßte er sich selbst mit einem ungewöhnlichen Wort: «Es ist das Buch, das ich für mich geschrieben habe. *Mir* gefällt's.»

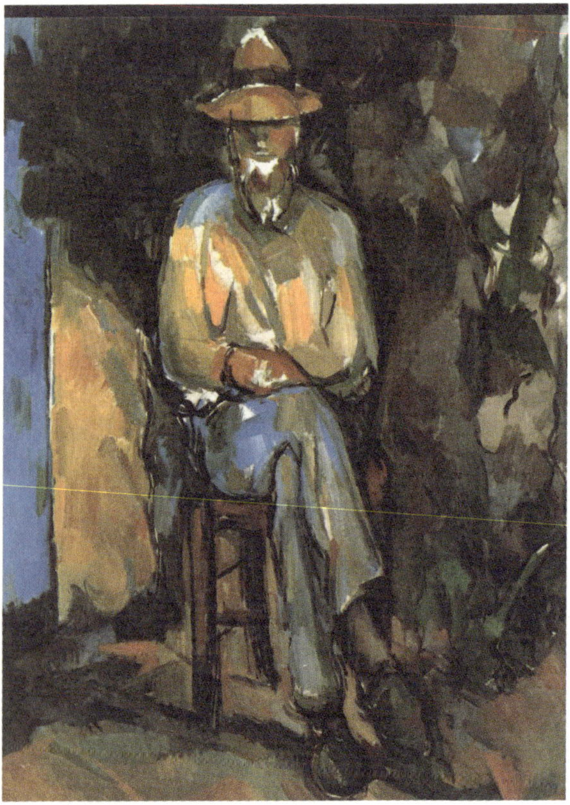

So viele Fassungen

Paul Cézanne: *Bildnis des Gärtners Vallier,* 1906

Man kennt den Kampf der Impressionisten mit ihrem Publikum, speziell mit den Kritikern. Jährlich wiederholte sich in Paris anlässlich der Herbstausstellung die Zurückweisung aller Bilder, die nicht den traditionellen Vorstellungen entsprachen. Als auf Initiative von Kaiser Napoléon III. 1863 eine zweite Ausstellung im Salon des Refusés, «für die Zurückgewiesenen», eingerichtet wurde, standen die Chancen besser. Die Progressivsten schafften es jedoch, auch dort durchzufallen. Im Kreis der Kollegen, eigentlich Konkurrenten, aber durch den herrschenden Druck Freunde geworden, galt dies als eine Art Ritterschlag. Nur waren damit die Folgen nicht bedacht, dass sich die Bilder nämlich nicht verkaufen ließen. Die Impressionisten begannen durchweg als arme Schlucker. Aber sie setzten sich in der Regel auch schon vor ihrem Tod durch.

Cézanne ist so gesehen ein typischer Vertreter. Aus begüterter Familie stammend und vom Vater für den juristischen Brotberuf bestimmt, brachen für ihn dürftige Zeiten an, als er nach Paris ging, wiederholt an der École des Beaux-Arts abgewiesen wurde, trotzdem weitermalte und im Salon des Refusés ebenfalls scheiterte. Immerhin fand er Aufnahme im Kreis der Mitleidenden, freundete sich mit Pissarro an, später Gauguin, Renoir, Monet, die alle Bilder von ihm kauften, Pissarro, mit dem er gerne zusammen malte, insgesamt zwanzig. Der Nichtkollege, aber auf dem Nachbarfeld der Literatur Große, Émile Zola, gehörte sogar als Erster zum Freundeskreis, weil er mit Cézanne zusammen die Schule in Aix besucht hatte. Aber gerade er, auf seinem Terrain Vorreiter, erwies sich in der Kunst als Nachzügler. In seinem Roman *Das Werk* schilderte er einen scheiternden Maler – er erhängte sich zum Schluss an seiner Staffelei –, der so genau Züge Cézannes trägt, dass der die Freundschaft kündigte, sie allerdings später wieder fortsetzte.

Cézanne hängte sich *nicht* an seiner Staffelei auf, sondern schuf für sie Platz, denn nach dem Durchbruch Ende der 1890er Jahre mit Ausstellungen in einer Pariser Galerie, Ankäufen der Nationalgalerie in Berlin, Präsentation auf der Wiener Sezession, baute er 1901 ein Haus in der Provence, nicht weit von Aix, mit geräumigem Atelier und besonders viel Lichteinfall sowie einer seitlichen Öffnung, um große Formate hinein- bzw. hinausschieben zu können. Das Ölgemälde *Die großen Badenden*, das er nach siebenjähriger Arbeit 1905 fertigstellte, misst mehr als 2,5 Meter in der Breite und fast 2 Meter in der Höhe. Zu dieser Zeit war Cézanne anerkannt, junge Künstler suchten den Kontakt, besuchten ihn, machten ihn zur Leitfigur. Im Pariser Herbstsalon 1904 war er mit 33 Bildern in einem nur ihm reservierten Raum vertreten. 1905 stellt er sowohl im Salon wie bei den Zurückgewiesenen aus, ein Kritiker sprach von «einer einzigen Hommage an Cézanne». Was wohl die wenigsten wussten: Der Meister war krank, litt seit 1890 an einer Diabetes, die damals kaum behandelt werden konnte. Das Alter wurde zum Kampf.

Aber nicht nur mit dem Körper. Cézanne malte unaufhörlich weiter, das Gesamtwerk wuchs und wuchs. Nur in Briefen äußerte er sich über sein künstlerisches Wollen, nicht besonders präzise, weil ihm «Theorie» nicht lag, ihm sogar suspekt war. Lieber trug er das Ringen im künstlerischen Prozess aus, vor allem in Serien, die die Möglichkeiten ausloteten. Eigenartigerweise war es eine allerletzte Serie, in der er sich offenbar alles abverlangte. Ihr Gegenstand war ein Porträt: das seines Gärtners Vallier, den er wieder und wieder malte. Einige Fassungen wurden fertig, das in einer Chicagoer Sammlung aufbewahrte Ölgemälde *Der Gärtner Vallier* von 1906 etwa. Auch das schwerer zu datierende Ölgemälde, das als *Seemann Der Gärtner Vallier* in Privatbesitz ist, wegen der Bekleidung mit Mütze also wohl zunächst als ein Seemann galt, dessen Züge aber deutlich auf den Gärtner verweisen, wurde vollendet. Es gibt drei Fassungen, die Züge des Nichtabgeschlossenen tragen, vielleicht wirklich seine letzten Werke darstellen, an denen er noch weiterarbeiten wollte. Sie zeigen gerade in ihrer Unabgeschlossenheit am besten, womit Cézanne kämpfte. Das eigentliche Motiv, der Gärtner, löst sich gewissermaßen auf, verschmilzt mit der Umgebung, einem

Mauerstück der Terrasse, einem unbestimmten Hintergrund, einer Andeutung des Himmels. Wenn man weit genug zurücktritt, ergibt sich ein reines Farbenspiel. Wir stehen kurz vor der endgültigen Abwendung der Malerei von «Gegenständen», vor abstrakter Kunst.

Die eine Variante, die der Berliner Nationalgalerie, ist ein Aquarell mit Bleistift auf Papier. Das Gesicht des Gärtners ist nur angedeutet, die untere Hälfte mit Bleistift gefasst, ansonsten weißes Papier. Nur der Stuhl ist in kräftigem Braun deutlich ausgeführt. Der Hintergrund flirrt in Blau-, Grün- und Rottönen, die Gestalt hebt sich davon weitgehend im Papierweiß ab, außer der oberen Gesichtshälfte und dem Hut sind nur die Schuhe farblich gefasst, alles andere durch kräftige Pinselstriche begrenzt.

Weiter als diese Papierversion ist das Ölgemälde der Londoner Tate Gallery gediehen. Das Gesicht ist in Brauntönen fast vollendet, nur wenige Stellen zeigen das Weiß der Leinwand, vermutlich freigelassen für weitere Farben. Auch der braune Hut ist so gut wie vollendet. Der gesamte Körper zeigt kräftige Farben, ein braunes Hemd, eine blaue Hose, die Arme durch kräftige Pinselstriche eingefasst. Wieder ist die ockerfarbene Hauswand deutlich zu sehen, der Hintergrund ansonsten ein Farbgewitter in dunklen Tönen, vor der sich die insgesamt hellere Figur deutlich abhebt. Davon unterscheidet sich kaum die dritte Version aus der Sammlung Bührle in Zürich, ebenfalls ein

Ölgemälde, ebenfalls nicht ganz vollendet, ebenfalls nicht weit entfernt von völliger Abstraktion.

Dass diese Bilder eine Art Besinnung auf die letzten künstlerischen Ziele darstellen, hatte Cézanne selbst formuliert. Ein Freund hielt die Äußerung fest: «Wenn mir dieses Männchen gelingt, ist auch die Theorie wahr.» Von einer irgendwie klaren Theorie kann kaum die Rede sein, es ist eher das Ringen um den richtigen Ausdruck gemeint, den er am Objekt des Porträts studierte, in immer neuen Fassungen herauszuarbeiten suchte. Man weiß nicht, welche Fassung genau die letzte war, auch nicht, ob es sich um eines dieser Porträts handelte, denn nach dem Tod fanden sich zahlreiche unvollendete Gemälde. Aber man weiß, dass Cézanne trotz seiner Krankheit nicht mit dem Tod gerechnet hatte, dass er einen Abschluss anstrebte.

Denn dieser Tod kam plötzlich. Der Sommer 1906 war heiß bis in den Herbst. Am 15. Oktober arbeitete er im Freien und wurde von einem Gewitter überrascht. Er erlitt einen Schwächeanfall, wurde bewusstlos gefunden, aber gerettet. Am nächsten Tag arbeitete er an einem der Porträts seines Gärtners Vallier. Darüber starb er dann.

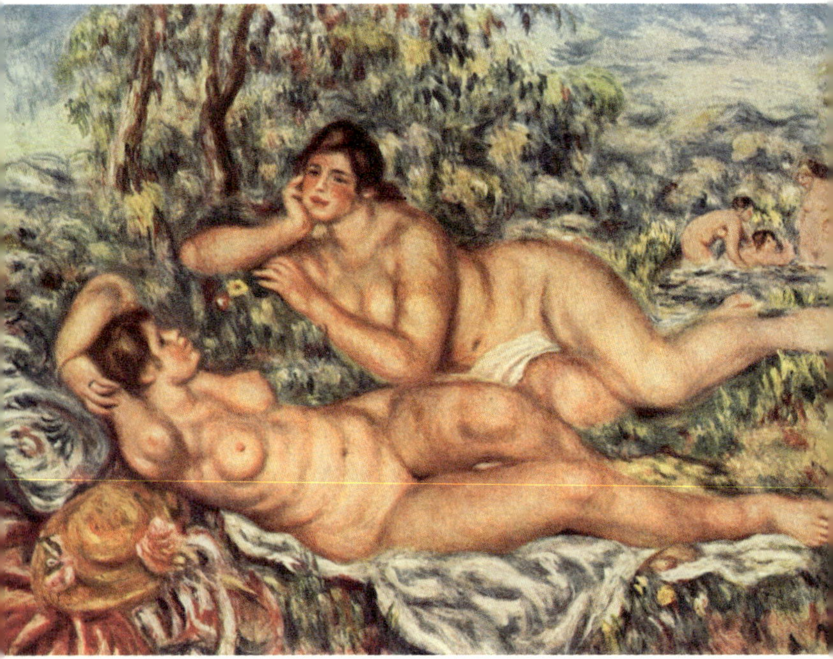

Dem Abdichten von Kaninchenställen entgangen

Pierre-Auguste Renoir: *Ruhe nach dem Bad,* 1919

Kein «moderner» Maler ist heute auf Postkarten, Kalendern, Kaffeetassen so weit verbreitet wie Renoir. Getoppt wird der Kitsch durch das Angebot eines Hundert-Teile-Puzzles ausgerechnet seines letzten Werkes, der *Ruhe nach dem Bad:* die üppigen weiblichen Akte angeboten unter «Spielwaren-Hits für tolle Kids». Wirklich überraschend ist all dies nicht. Renoir war derjenige Maler unter den Impressionisten, der sich im Laufe seines Lebens vom Impressionismus vorsichtig distanzierte, klassisch-akademischen Idealen annäherte. Man weiß, dass dies aus Überzeugung geschah. Der Schwerkranke, der sich zuletzt nur im Rollstuhl bewegen konnte, ließ sich dankbar in den Louvre tragen, den man nur für ihn geöffnet hatte, damit er noch einmal die Großen betrachten konnte, die er bewunderte und jahrelang zu Studienzwecken kopiert hatte. Daneben spielten allerdings auch die Suche nach Anerkennung und letztlich der Verkauf eine Rolle. So entstand ein eigenartig zwiespältiges Werk. Nicht nur Malerkollegen vom Format eines Picasso zog es an, sondern eben auch die breite «Masse», die in dieser Verbindung eine Art Modernität light sah.

Die Entscheidung fiel Mitte der 1870er Jahre. Voller Begeisterung hatte Renoir beim impressionistischen Aufschwung mitgemacht, Freunde gewonnen, die Abweisung seiner Bilder ertragen. Aber es wurde ihm zu viel. Als ein Kritiker über die Wiedergabe des Fleisches auf einem seiner Bilder von «Flecken» sprach, «die den völligen Fäulniszustand eines Kadavers anzeigen», lieferte er nichts mehr bei den Ausstellungen der Impressionisten ab, sondern ging in den akademisch geprägten Salon. Nun kritisierten ihn die alten Freunde, aber er hatte Erfolg. Die Porträtmalerei brachte etwas ein, das Bild *Madame Charpentier und ihre Kinder* ganze 1000 Francs. Kandidaten und Kandidatinnen für ein Porträt standen Schlange, ein Galerist zahlte im Voraus. Renoir konnte daraufhin Reisen antreten: zweimal nach Algerien, vor allem aber nach Italien, wo er die Klassiker bestaunte: nicht nur Raffael und Tizian, noch viel mehr Begeisterung lösten die Wandmalereien in Pompeji aus. Ende der 1870er Jahre befand sich Renoir auf dem Gipfel des Erfolgs. In den Landschaftsdarstellungen, Stillleben, Akten hatte er seine eigenen Möglichkeiten entdeckt. Pissarro, der alte Freund, der einmal vielleicht nicht ganz nüchtern empfahl, den Louvre abzubrennen, sprach von einem «Rückfall».

Man kann es aber eben auch anders sehen und vor allem: Renoir wollte es so, auch als der Erfolg nachließ, weil die Zeiten schwieriger geworden waren. Renoirs Welt war das Schwelgen in Farben, bei gut erkennbaren Formen.

Nicht ganz so klassisch wie bei dem Vorbild Ingres, der zu Beginn des 19. Jahrhunderts geradezu fotografisch genau malte, aber eben auch nicht so, dass sich alle Konturen auflösen, wie es der «fortschrittlichere» Cézanne praktizierte. Die Themen sind dabei stets traditionell, durchweg heiter, ja sie sprühen vor Lebensfreude, suchen den flüchtigen Moment der Schönheit zu fassen. Natürlich hatte man ihm auch dies vorgeworfen, nicht unbedingt das Schöne, aber das Hübsche. Seine Antwort: «Ja, hübsch! Es gibt genug Scherereien im Leben; warum es nicht einmal auf heitere Weise versuchen?» Nebenbei brach er mit einem weiteren Tabu der Impressionisten. Renoir ging zum Malen nicht mehr ausschließlich in die Natur, begann allenfalls dort und vollendete seine Bilder im Atelier, wo die Feinabstimmung stattfand, das Übereinanderlegen der Farbschichten zum Beispiel, die Fleischpartien regelrecht leuchten lassen.

Als zentrales Sujet dieser Entwicklung erweist sich das Thema von badenden Frauen, jugendlichen in üppiger Schönheit, wofür er ständig auf der Suche nach neuen Modellen war. 1887 entstanden *Die großen Badenden* – benannt nach dem großen Format – mit einer Anordnung der Figuren, die man als steif bezeichnet und die vielen kunsthistorischen Zitate dabei übersehen hat. Das Bild *Sitzende Badende vor einer Landschaft. Eurydike* von 1895/1896 hat mythologischen Hintergrund. Renoir kann aber auch mit dem Thema spielen. Die drei «Grazien», die er in *Drei badende Mädchen* von 1897 abbildete, sind eben nicht wirklich Grazien, sondern junge Frauen, von denen eine ihre Kameradin gerade mit einer Krabbe erschreckt. Wer dabei etwa an Fragonard denkt, weiß auch, dass der Vorgänger im 18. Jahrhundert noch Nymphen bemühen musste, um diese Form von Nacktheit wagen zu können. Auch eine Einzelfigur kam bei diesem Thema infrage, in *Nach dem Bade* von 1910 bis 1912 etwa. Immer ging es letztlich um eine Möglichkeit, jene Grundharmonie der Farben zu erzielen, worauf es Renoir ankam: zinnoberrote und goldgelbe Töne zum Beispiel. Es ist letztlich der seidige Schimmer, der farbige Schmelz, an dem Renoir sich abarbeitete.

Womit ein wichtiger Punkt in dieser Biographie übergangen wurde. 1897 war Renoir mit dem Fahrrad gestürzt, hatte sich den Arm gebrochen. Sein Sohn Jean, ein Regisseur, der in Hollywood einen Oscar für sein Lebenswerk erhielt, hat es penibel berichtet: erst ein leichter Schmerz in der Schulter, dann eine sich ausbreitende Arthritis, die den Körper «versteinern» ließ. Zwar stimme es nicht – so ebenfalls der Sohn –, dass man ihm zum Malen den Pinsel an den Arm habe binden müssen. Vielmehr zeigte die gesamte Haut eine Form von Überempfindlichkeit, die jeden Kontakt zur Qual machte, vor allem das nächtliche Schlafen. Selbst den Pinsel konnte er nicht «normal» halten, man gab ihm ein Tuch, in das er gehüllt wurde, um nicht sofort die Haut wund zu scheuern. Für größere Formate konstruierte man ihm eine Art Zylinderstaffelei, auf der sich die Leinwand auf- und abrollen ließ, um die gerade behandelte Stelle in bestmögliche Position zu bringen. Das Wichtigste aber: Renoir malte weiter, fast täglich, das Gesamtwerk wuchs und wuchs, auch aus Angst, den Lebensunterhalt der Familie nicht sichern zu können. Ob er mitbekam, dass das Charpentier-Porträt 1907 für 84000 Dollar ans Metropolitan Museum in New York ging?

Bezeichnend, dass er bei all diesen Bildern das eine zentrale Motiv nie aufgab: badende Mädchen. Sein letztes Ölgemälde, *Die Ruhe nach dem Bad,* zeigt zwei sich wohlig ausstreckende im Vordergrund und drei noch plantschende im Hintergrund. Sie sind so renoirhaft erfasst, wie Bilder Renoirs nur sein können – man kann sie ja einmal mit den Badenden vergleichen, die auch Cézanne in großer Zahl malte. Allerdings war dieses Bild nicht das *aller*letzte. Der Sohn berichtet, dass der Vater noch am Morgen seines Todestages im Atelier gesessen habe. Das Hausmädchen hatte im Garten Anemonen gepflückt. Die gefielen ihm, er hielt sie auf der Leinwand fest. Als er darum bat, ihm den Pinsel abzunehmen, tat er dies nicht ohne launigen Kommentar: «Ich glaube, allmählich verstehe ich etwas davon.» Er war 78, das Gesamtwerk umfasste sechstausend Bilder, die nicht gerechnet, mit denen das Hauspersonal Kaninchenställe abzudichten pflegte.

Rechtzeitig gestorben?

Giacomo Puccini: *Turandot*, 1925

D*ramma lirico* lautet im italienischen Original der Untertitel, «lyrisches Drama». Man könnte auch sagen: Wohllaut pur, und das bei einer Handlung, die die Nerven strapaziert. Eine männermordende Frau lässt sämtliche Helden umbringen, die sich um ihre Gunst bewerben, aber die aufgegebenen Rätsel nicht lösen können. Der letzte Unglückliche wird gerade hingerichtet, ein weiterer Prätendent wagt es im Angesicht der Katastrophe, siegt, stellt nun umgekehrt seiner Angebeteten ein Rätsel, auf dessen nicht gefundene Lösung wieder der Tod steht. Da baut sich die nächste Tragödie auf. Der Held wird von einer anderen geliebt, der Einzigen, die das entscheidende Wort kennt und sich selbst umbringt, um den Helden zu retten. Genau an dieser Stelle musste Puccini die Oper liegenlassen, weil er dem Krebs erlag. Wir wissen also nicht, wie er das Ende seines letzten Werkes gestaltet hätte. Heutige Aufführungen enden entweder mit dem Abbruch oder mit späteren Fortsetzungen. Die zur Uraufführung hinzukomponierte bietet ein mehr kitschiges als «happy» End mit Umgehung des Rätsels und glücklichem Paar.

Wer all dies für reichlich verwirrend hält, hat noch nichts über die noch viel verwirrenderen Entstehungsbedingungen erfahren. In grober Zusammenfassung: Die Handlung geht auf einen Stoff zurück, den ein italienischer Dichter namens Carlo Gozzi 1762 zu einer «Märchenkomödie» verdichtete – mit Elementen der damaligen Stegreifkomödie, aus der noch Puccinis maskentragende Minister stammen, die den Helden von seiner Bewerbung abzuhalten versuchen. Diese Vorlage verwandte kein Geringerer als Schiller, um daraus 1802 für den Weimarer Hof das jährlich fällige Stück zum Geburtstag der Herzogin zu gestalten. Weil Schiller jedoch kein Italienisch konnte, legte er eine deutsche Übersetzung zugrunde und tilgte im Übrigen die Elemente der Stegreifkomödie, was ein sehr berühmter Rezensent, nämlich E. T. A. Hoffmann, heftigst kritisierte. Dieses Gozzi-Schiller-Werk wurde trotzdem beliebt und erlebte weitere Bearbeitungen, darunter eine, für die Carl Maria von Weber eine Bühnenmusik komponierte, die chinesische Originalmusik verwendete (auf die Puccini zurückgriff). Max Reinhardt inszenierte das Werk 1911 in Berlin mit neuer Bühnenmusik von Ferruccio Busoni (woraus Busoni später eine eigene Oper machte) – mit Puccini im Publikum.

Puccini kannte also den Stoff seit langem und verfolgte auch seit langem den Plan einer eigenen Komposition. Als er schließlich seinen Librettisten mit einer Bearbeitung für die Oper beauftragte, müssen zeitbedingte – wir sprechen über die 1920er Jahre, kurz nach dem Ersten Weltkrieg – Ressentiments gegen das «Deutsche» geherrscht haben, die dazu führten, den «italienischen» Ursprung zu betonen, womit die Komödienelemente wieder zum Vorschein kommen durften, sprich: die Minister Ping, Pang, Pong. Womit wir zu der viel interessanteren Frage kommen, was überhaupt Puccini an diesem Stoff gereizt haben muss, der zu diesem seinem letzten großen Werk führte, das übrigens alles andere als die schwere Krankheit des Komponisten erkennen lässt. Man kann eher von einem kompositorischen Höhepunkt seines Opernschaffens sprechen. Nicht umsonst dürfte keine Arie Puccinis berühmter sein als diejenige, die der Held singt, als Turandot alle nach der Lösung des Rätsels suchen lässt, auch nachts: *Nessun dorma,* «Niemand schläft».

Also was genau reizte ihn? Puccini musste weder sich noch dem Publikum etwas beweisen. Er war seit langem ein Weltstar, seit *Manon Lescaux,* mit Triumph uraufgeführt 1893 in Turin. Seither gingen seine Werke über alle großen Bühnen dieser Erde, in Europa wie in Nord- und Südamerika. Selbst die zunächst mit einem Verriss bedachte *La Bohème* von 1896 entwickelte sich anschließend zum Renner. 1900 folgte *Tosca,* 1904 *Madame Butterfly* (auch hier wieder bei der Uraufführung zunächst einmal mit einem Skandal). Selbst in New York kam es zu einer Erstaufführung, nämlich passenderweise von *La fanciulla del West,* «Das Mädchen aus dem goldenen Westen» – mit Arturo Toscanini am Pult und Enrico Caruso als Tenor. Puccini war auf der Höhe seines Ruhms, konnte nebenbei sein Leben so führen, wie er es liebte: als Gourmet, der für ein gutes Rezept alles gab. Und nun als letzte Großtat diese Oper *Turandot*.

Wer gerade noch einmal die Vorgängerstoffe Revue passieren ließ, wird wohl gesehen haben, dass es immer wieder um Liebesdramen ging – nichts Besonderes in der Oper, aber doch genau betrachtet in spannender Steigerung. Natürlich kannte er die großen Liebenden, die für ihren Geliebten alles taten: Beethovens Leonore, Wagners Isolde, Verdis Aida. Aber war das ein wirklich überzeugendes Frauenbild? Fehlte nicht etwas, was die neuen Zeiten brachten: die Idee der Partnerschaft oder natürlich genau das Gegenteil, nämlich deren Unmöglichkeit, wie es eine Carmen vorführte? Jedenfalls hatte sich Puccini mit diesem Stoff fast Unmögliches vorgenommen, nämlich die Entwicklung der männermordenden Frau (mit immerhin guter «Entschuldigung»: Rache für ihre Ahnin, die statt erzwungener Hochzeit den Tod wählte) zur Liebenden. Irgendwie war es noch viel schwieriger als mit Manon Lescaux oder Madame Butterfly. Und genau im entscheidenden Moment, als die Lösung komponiert werden musste, nahm ihm die Krankheit die Feder aus der Hand. Ob er es hinbekommen hätte?

Jedenfalls war der Erfolg wieder einmal überwältigend. Vielleicht am spektakulärsten die Inszenierung im Pekinger Kaiserpalast, die das Fernsehen in alle Welt verbreitete. Auch die Sänger glänzten. Eine der schwierigsten

Partien im Tenorfach fand überall Willige, die es konnten, von Richard Tauber bis Luciano Pavarotti. Der Grund liegt letztlich auf der Hand: Das letzte Werk dieses Meisters seines Fachs war auch das letzte Meisterwerk eines ganzen Stils: des italienischen Melodrams.

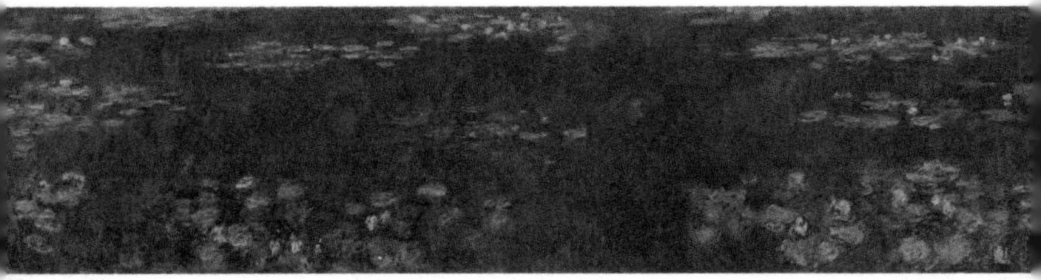

Riesenformat

Claude Monet: *Wasserlandschaften*, 1926

Bis zu 17 Meter breit, 2 Meter hoch sind die Gemälde, auf zwei Räume verteilt, insgesamt mehr als 100 Meter *Wasserlandschaften* mit Seerosen. Entstanden zwischen 1916 und 1926, stellen sie das letzte große Werk von Claude Monet dar, heute zu betrachten im Musée de l'Orangerie in Paris, nicht weit von der Place de la Concorde. Der Künstler schenkte das Werk dem französischen Staat, nachdem sein engster Freund der letzten Jahre, Ministerpräsident Georges Clemenceau, es im Garten von Giverny angeregt hatte. Giverny: Geburtsort und seit 1883 dauernder Aufenthalt des Künstlers, ein Dorf, etwa 80 Kilometer vor Paris gelegen. Im Garten hinterm Haus, noch jenseits der Trasse eines Eisenbahngleises, hatte Monet einen Nebenfluss der Epte umleiten lassen, um einen Teich zu gewinnen, in dem er das Motiv seines Lebens tagtäglich studieren und wieder und wieder malen konnte. Gärten von Künstlern sind oft berühmt, Max Liebermann etwa pflegte seinen eigenen am Berliner Wannsee liebevoll, Emil Nolde legte zusammen mit seiner Ehefrau Ada stets einen an, wo er sich niederließ, in Seebüll zum Beispiel. Aber kein Garten kann es an Anregekraft mit dem in Giverny aufnehmen.

Irgendwie war das Wasser zeitlebens Monets Element. Seine Kindheit hatte er in Le Havre verbracht, wo die Seine in den Ärmelkanal mündet. Hier entstanden frühe Bilder mit Fischerbooten. Der Durchbruch in Paris mit der Teilnahme an den jährlichen Salons verdankte sich «Seestücken». Gewiss malte Monet auch anderes, die *Frau im grünen Kleid* etwa, die Bewunderung hervorrief. Und später kamen städtische Bauwerke hinzu, die Westminster-Brücke in London oder der Dogenpalast in Venedig. Aber immer wieder zog es ihn ans Wasser, weil hier etwas in besonders hohem Maße vorhanden war, das Monet faszinierte: das flimmernde Licht, das wie nichts sonst zu der stilistischen Richtung passte, die für ihn prägend wurde: zum Impressionismus.

Monet malte von früh an, auch gegen den Rat von Lehrern, im Freien. Noch als berühmter Mann stellte er seine Staffelei dort auf, wo es eigentlich nicht geht: in den Wind, wie ein Fischer gekleidet gegen die Witterung ankämpfend. Nur dort schien es ihm möglich, das einzufangen, worauf ihm alles ankam: den Augenblick mit seinem rasch vergehenden, ganz speziellen Ausdruck. «Theorien» lehnte er ab, «Schulen» fühlte er sich nicht zugehörig, auch wenn er anfangs selbstverständlich Vorbilder hatte und ihnen nachzueifern suchte, Édouard Manet etwa, der sich über den Erfolg des Nebenbuhlers ärgerte, der fast seinen Namen usurpierte. Und dann gab es auch noch Freunde, mit denen er sich austauschte, Pierre-Auguste Renoir zum

Beispiel, mit dem zusammen er im Freien arbeitete, Staffelei neben Staffelei stehend. Es war diese Freiluftmalerei, die ihn so sehr von seinen «Lehrern» unterschied, ehe etwa auch ein Manet einknickte und es versuchte.

Wasser also. Regelmäßig zog es ihn an die Küste, nach Etretat zum Beispiel, wo es das berühmte Felsentor mit der Nadel gleich daneben gibt. Aber es war nicht das Postkartenmotiv, es war das Meer, dem die Felsen allenfalls die Kulisse boten. Das Meer mit seiner Turbulenz, wiedergegeben in turbulenten Farbkombinationen. Die Mittelmeerküste konnte es ebenfalls sein, auch holländische Tulpenfelder oder eine Winterlandschaft in Norwegen, die er ebenfalls aufsuchte, um das zu malen, was ihn so sehr interessierte: das auf den Oberflächen irisierende Licht, immer neu, immer anders. Den Dogenpalast in Venedig hat er einmal als den «ersten Impressionisten» bezeichnet, weil er, bekanntlich am Wasser liegend, die Spiegelungen des Wassers aufnimmt und in jedem Moment anders darbietet. Die Kathedrale von Rouen malte er in einer der vielen «Serien», bei Sonnenaufgang und in der Dämmerung, bei bedecktem und offenem Himmel – wie ein Fotograf, der auf der Lauer liegt, um das niemals zu erreichende, «perfekte» Bild zu machen.

Und dann das vergleichsweise winzige Stück Wasser im Garten von Giverny. 1883 hatte er sich mit Frau und Kind dort angesiedelt und zu arbeiten begonnen. 1885 war Stéphane Mallarmés Gedicht *Die weiße Seerose* erschienen – ob hier ein Hinweis von jemandem vorlag, der die moderne symbolistische Dichtung ähnlich voranbrachte wie Monet den in der Überwindung des Akademischen verwandten Impressionismus? Jedenfalls versuchte Monet 27 Jahre lang, die Stimmung einzufangen, immer wieder mit dem Wasser und den Seerosen, manchmal mit dem japanischen Steg, den er früh hatte anbringen lassen. In einem schon späten Gemälde von 1922 mit dem Titel *Die japanische Brücke* muss man das Bauwerk lange suchen in einem Farbenmeer, bei dem alles auf eine Weise ineinander übergeht, die an den damals einsetzenden Expressionismus erinnert.

Aber Monet genügte auch das schlichtere Farbenspiel mit seinen Spiegelungen. Genau dies sollte zu seinem letzten Projekt werden, das in einem wichtigen Punkt seinen lebenslangen Gewohnheiten und Überzeugungen widersprach. Wenn ein Riesengemälde zustande kommen sollte, brauchte er ein Atelier, das der Freiluftmaler eigentlich immer abgelehnt hatte. 1916 ließ er eines bauen, um die gewaltigen Staffeleien aufzunehmen. Vielleicht spielte auch die schwindende Sehkraft eine Rolle, die seine Möglichkeiten zunehmend einschränkte. Wie sich der allmählich ertaubende Beethoven in die Welt seiner Streichquartette vertiefte, entwickelte Monet seine «Impressionen» im Atelier, beugte sich über die Leinwand und suchte nach künstlichen Lösungen für den natürlichen Eindruck.

Wir wissen es schon: Er übergab das noch nicht wirklich vollendete Werk dem Staat. Ein Jahr nach seinem Tod fand die erste Ausstellung in der damals gerade fertig umgebauten Orangerie statt. Man hat sehr bald von der «Sixtinischen Kapelle» des Impressionismus gesprochen. Heute hängen dort Werke weiterer Impressionisten und Vertreter der Moderne bis Picasso. Wer aber geht nicht zuallererst in die beiden ovalen Räume mit den *Wasserlandschaften?*

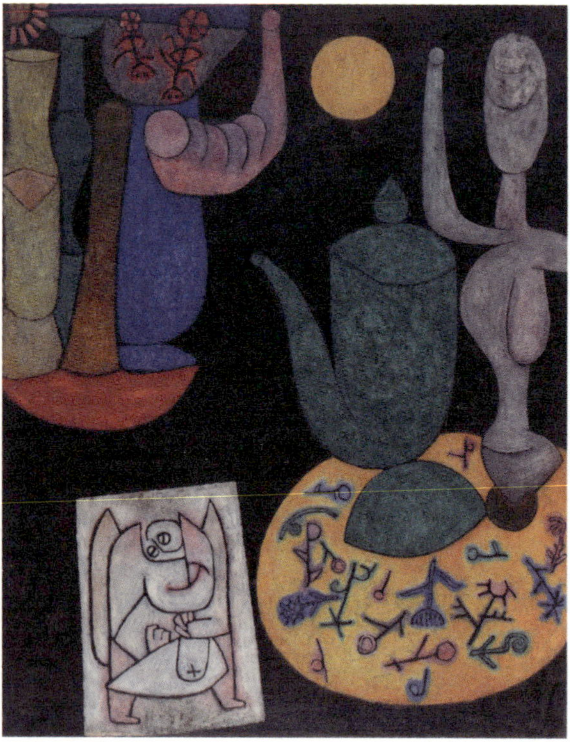

Wirklich Vermächtnis?

Paul Klee: *Stillleben,* 1940

Vor diesem Ölgemälde, einem großen Format von 100 mal 80,5 Zentimetern, hatte Klee sich anlässlich seines sechzigsten Geburtstags Ende 1939 in seinem Berner Atelier fotografieren lassen. Dann ließ er das durchaus fertiggestellte Bild auf der Staffelei stehen und fuhr zur dringend nötigen Kur ins Tessin. Ein Titel war noch nicht gefunden. Aber er kehrte nicht mehr zurück. Die Krankheit war zu weit fortgeschritten, man lieferte ihn ins Krankenhaus von Locarno, wo er am 29. Juni 1940 verstarb. Natürlich wurde das Bild dem Nachlass zugefügt, als «Vermächtnis» gedeutet und erhielt den heute üblichen Namen *Stillleben,* auch *Der Todesengel.* Sein Sohn Felix schenkte es später dem von Renzo Piano erbauten Zentrum Paul Klee in Bern, das so viele Bilder dieses Meisters aufbewahrt.

Ein unbeabsichtigtes Vermächtnis also. Hätte Klee etwas anderes gemalt, wenn er gewusst hätte, dass dies sein letztes Werk werden würde? Pure Spekulation, die vermutlich noch schlimmer wird, wenn man sich über die Deutungsversuche in der Wissenschaft beschwert. Wer, bitteschön, findet auf dem «weißen Blatt» links unten einen «kräftig ausschreitenden Engel»? Wieso erscheinen die «scharfen abgeschnittenen Blumen» «wie auf ein Grab geworfen» und verwandeln das Ganze «in ein geisterhaftes Nocturno»? Eher könnte man von dem Versuch sprechen, noch einmal Neues auszuprobieren, mit «gegenständlicheren» Objekten wie Teekanne, Blumenvasen, Mond, auch schlicht Unidentifizierbarem wie dem wulstförmigen Gebilde, an dem sich bislang sämtliche Deuter die Zähne ausgebissen haben. Andere Bilder aus der gleichen Zeit wirken demgegenüber vertrauter: *Tod und Feuer* oder *Frau in Tracht* beispielsweise mit ihren kühnen farblichen Kompositionen. Dabei ist die stilistische Spannweite bei Klee groß, das Werk selbst ja riesig, sofern es sich in fast vier Jahrzehnten entfalten konnte und Klee unablässig daran arbeitete. Anders als seine Malerfreunde aus früher Zeit, August Macke und Franz Marc, meldete er sich 1914 nicht begeistert zum Kriegseinsatz, gehörte also auch nicht wie diese zu den sinnlosen Opfern. Gewiss gab es Katastrophen in diesem Leben, aber Klee meisterte sie und brachte es trotz seines Ausbruchs aus allen Konventionen, auch den vielen «modernen» seiner Zeit, zu einem bekannten und gut verdienenden Star. Den Impressionismus nahm er anfangs kaum wahr, ließ ihn dann links liegen. Kubismus, Expressionismus – alles nichts, worunter er zu subsummieren gewesen wäre. Seine *Hommage à Picasso* von 1914 – erst in den 1930er Jahren trafen sich die beiden so unterschiedlichen Künstler zweimal – ist ein reines Klee-Bild, in der Abstraktheit fast eine Kritik am großen Kollegen. Noch heute steht Klee nur für sich selbst.

Natürlich hatte es eine Entwicklung gegeben. Klee, aus einer Musikerfamilie stammend und selbst eine ausgesprochene Doppelbegabung – er spielte virtuos Geige, seine Ehefrau war übrigens Pianistin –, hatte wenig studiert, kann weitgehend als Autodidakt gelten. Am Anfang stand Graphisches, oft skurril wie die Radierung *Zwei Männer, einander in höherer Stellung vermutend, begegnen sich* von 1903. Als er in Bern Macke, Kandinsky und Marc kennenlernte, schloss er sich dieser Künstlergruppe an, nahm teil an deren Almanach *Der blaue Reiter,* der es jedoch nur zu einer einzigen Ausgabe brachte. Prägend wurde dann die Reise nach Tunis, die er mit Marc und einem weiteren Kollegen antrat. Die Freunde malten zusammen, Klee sprach in seinem (allerdings später redigierten) Tagebuch von einem «Durchbruch». Noch orientierte er sich an der Natur, bevorzugte das Aquarell. So entstanden die Landschaften in der fremden Umgebung, in fremdem Licht, das ihn faszinierte («Das Licht hat mich»). Aber es folgte auch der Schritt in die Abstraktion, verbunden mit Öl, das er gern mit seinen Wasserfarben mischte.

Als die Freunde nach drei Wochen wieder in Bern waren, trennten sich die Wege. Klee erhielt als Sohn eines deutschen Vaters den Einberufungsbefehl, blieb jedoch hinter der Front und malte weiter – nicht nur beim Anbringen von Tarnfarben an Flugzeugen. In Berlin gab es 1916 eine Ausstellung, im nächsten Jahr hatte er einen ersten Verkaufserfolg, wurde als bedeutendster deutscher

Maler nach Marcs Tod gefeiert. 1919, nach dem Krieg also, war die Lage so gut, dass er einen Galeristen mit dem Alleinverkauf betraute. Als sich eine Berufung auf den Lehrstuhl in Stuttgart zerschlug, kam sie im nächsten Jahr ans Bauhaus zustande – mit 16 500 Mark Monatsgehalt und Wohnhaus im berühmten Parkgelände in Dessau, sehr bald Tür an Tür mit Kandinsky. Nur konnte sich Klee nicht an die Auflagen gewöhnen, lehrte unregelmäßig in der ihm zugewiesenen Zuständigkeit als «Meister» für Glas- und Wandmalerei, wurde ermahnt, ging schließlich. Wichtiges entstand in dieser Zeit, etwa die *Zwitscher-Maschine* 1922, wieder einmal in eigenartiger Technik: Ölpause und Aquarell auf Papier auf Karton. Ehe in Dessau die Schwierigkeiten mit den staatlichen Stellen das große Experiment einer Erneuerung der Kunst aus dem Geist des Handwerks beendeten, hatte Klee eine neue Stelle in Düsseldorf. Nur währte sie aus anderem Grund nicht lange. Klee hatte bei den Nationalsozialisten einen schlechten Ruf, wurde als «typisch galizischer Jude» diffamiert, 1933 fristlos entlassen.

Da erinnerte sich Klee an seine alte schweizerische Heimat, ging zusammen mit Frau und mittlerweile erwachsenem Sohn zurück nach Bern, wo das Spätwerk entstand. Der berühmte Mann stellte einen Einbürgerungsantrag, der ins Leere lief, weil die Entscheidung hinausgezögert wurde, bis es 1940 zu spät war. Aber Klee konnte bleiben, malte unentwegt weiter. Die *Revolution des Viadukts* mit den davonlaufenden Brückenbögen passte 1937 zur politischen Lage, war jedoch eine Ausnahme. Sein Thema war und blieb der Umgang mit Form und Farbe, eine Revolution des Sehens und Gestaltens mehr als eine von Politik und Gesellschaft. Selbst die etwa achtzig Engelmotive können nur höchst spekulativ mit Gedanken zur Zeit in Verbindung gebracht werden, mit Erlösungshoffnungen etwa. Dafür hatte dieses Thema auch viel zu früh begonnen. Das Bild *Angelus Novus,* das kein Geringerer als Walter Benjamin erwarb und das er als Philosoph selbstverständlich philosophisch interpretierte («Engel der Geschichte»), entstand schon 1920.

Womit sich dann doch ein Bogen zum letzten Werk spannt, in dem ja ein Engel vorkommt: am linken unteren Rande des Ölgemäldes als eine Zeichnung auf Papier neben den anderen Motiven. Aber wie gesagt: Klee hatte etwas Neues ausprobiert. Dass er sich gerade neben diesem Bild fotografieren ließ, spricht für seine persönliche Wertschätzung. Leider hatte er, der sich so häufig auch theoretisch äußerte, dazu nichts mehr gesagt. Es darf also spekuliert werden. Auch, dass man darin kein Vermächtnis sehen muss?

Freitod nach Absendung

Stefan Zweig: *Schachnovelle*, 1942

Stefan Zweig hatte es früh geschafft. Das äußere Zeichen dafür waren die aus einem Schlösschen umgebaute Villa in Salzburg, Weltreisen in die USA und zum PEN-Club nach Brasilien, ein mondäner Lebensstil. Und all dies buchstäblich erschrieben, mit den sehr erfolgreichen *Sternstunden der Menschheit* beispielsweise, in denen die Schlacht von Waterloo ebenso als Novelle dargeboten wird wie die Entstehung von Goethes *Marienbader Elegie*. Romane, Theaterstücke, Erzählungen gingen ihm rasch von der Hand. Immer wieder waren es daneben historische Themen, Biographien, die ihn besonders interessierten. Zuletzt hatte ihn noch Balzac gereizt, mit dem ihn das Bestreben einer Epochendarstellung verband.

Und dann die Katastrophe für den jüdischen Autor, der auch in Österreich nicht sicher war, als der «Anschluss» erfolgte. 1934 begann die Emigration, erst nach England. Als dort die Internierung wegen des Weltkriegs drohte, zog es ihn nach Brasilien, wo er auf der früheren Reise triumphal gefeiert worden war – als eine Art Dichterfürst. Aber die Einreise gestaltete sich schwierig, unbefristete Visa wurden kaum noch erteilt. So wählte er New York als Zwischenstation. Aber Brasilien blieb das Sehnsuchtsziel, er schrieb ein Buch, das so günstig über dieses «Land der Zukunft» urteilt, dass man ihm Bestechung durch die Regierung vorwarf. Nur fehlte es dort an sehr Wesentlichem, an Büchern, Bibliotheken. Für die Fertigstellung seiner Autobiographie *(Die Welt von gestern)* musste er nach Yale zurück, dann erst ging es zusammen mit seiner Frau zum letzten Ort der Emigration, nach Petropolis, klimatisch günstig in den Bergen hinter Rio de Janeiro gelegen, rein äußerlich ein «Paradies».

Nur war es ein äußerst einsames. Zweig litt: am Siegeszug der Nazis, an der nachlassenden Aufmerksamkeit fernab der Heimat, an den mangelnden Möglichkeiten, noch ärger betroffenen Migranten helfen zu können. Zuletzt und am meisten aber immer wieder an diesem einen: an Büchern. Von der letzten USA-Reise brachte er neben einer Goethe-Ausgabe etwas Seltsames mit, ein Buch mit Schachpartien großer Meister. Er, der zeitlebens nicht besonders gut, aber auf jeden Fall gerne selbst spielte und noch am Vorabend seines Todes mit einem Freund am Tisch saß, vertiefte sich in diese hermetische Welt, in der nur die Logik herrscht. Auf der Rückfahrt per Dampfer kam ihm eine Idee. Er dachte über eine Novelle zum Thema Schach nach. Sie sollte in Petropolis fertig werden, das einzige Werk, das er in Brasilien entwarf und abschloss. Brieflich sprach er von etwas «Abseitigem», das vermutlich nur wenige ansprechen werde. Wie er sich da irrte. Binnen eines einzigen Monats verkauften sich 1984 knapp eine halbe Million Exemplare. Die *Schachnovelle* wurde Schullektüre.

Tatsächlich ist der Inhalt mehr als eigenartig, er ist letztlich bizarr und auch nicht wirklich glaubhaft – professionelle Schachspieler runzeln die Stirn. Aber das Werk ist auch äußerst spannend und mit seiner «Aussage» schlicht genial. Der Ich-Erzähler fährt auf einem Dampfer von New York nach Buenos Aires, erfährt, dass sich auf dem Schiff ein Schachweltmeister befindet, allerdings mit äußerst schwierigem Charakter. Der Erzähler will mit ihm trotzdem in Kontakt kommen, spielt mit seiner eigenen Frau eine Partie, die den Profi anlocken soll. Das gelingt tatsächlich, aber zum eigenen Spiel ist dieser Könner nur mit der Hilfe eines ebenso reichen wie schachverrückten Ingenieurs zu überreden, der sehr viel Geld anbietet. So finden erste Partien des Meisters gegen die kleine Gruppe von Amateuren statt, natürlich simultan. Da tritt ein Unbekannter hinzu, blickt auf die Stellung der Figuren und erkennt, dass auf einem der Bretter durchaus ein Remis möglich ist – gegen den Weltmeister!

Der Ingenieur wittert eine Sensation, will nun eine Partie des offenbar hochbegabten Unbekannten mit dem Weltmeister. Letzterer ist einmal mehr mit Geld zu überreden, aber der Unbekannte verspricht nur eine einzige Partie. Man erfährt auch, warum: Er war vor nicht langer Zeit von der Gestapo verhaftet und unter grausamster Isolation verhört worden, sollte etwas über finanzielle Angelegenheiten österreichischer Klöster verraten. Seine Rettung: Er findet ein Buch mit Schachpartien großer Meister, studiert sie und spielt anschließend im Kopf gegen sich selbst, immer den «Gegner» wechselnd, also in gefährlicher Schizophrenie. Das lässt ihn die Tortur der Isolation überstehen, bis man aufgibt und ihn entlässt. So kommt er aufs Schiff, sitzt nun zum ersten Mal überhaupt einem «echten» Spieler gegenüber – und gewinnt. Es folgt jedoch eine Tragödie. Obwohl der Fremde weiß, dass das Schachspiel bei ihm eine Sucht auslöst, lässt er sich auf die zuvor wohlweislich ausgeschlagene Revanche ein. Die aber steht er nicht mehr durch, die Erfahrung der mit dem Schachspiel verbundenen Isolation kehrt wieder. Nun wirklich wahnsinnig geworden, gibt er auf.

Die Forschung ist Zweig auf die Spur gekommen, hat gezeigt, worum es dem Verfasser in diesem seinem letzten Werk ging. Teilweise ist es schon angedeutet worden: Im Zentrum steht die Isolation. Auch Zweig lebte in seinem brasilianischen Exil isoliert, fand nicht mehr den geistigen und sozialen Kontakt, den er für ein fruchtbares künstlerisches Leben brauchte. Er formulierte es in seinen Briefen wieder und wieder – «man stellte uns nur in das vollkommene Nichts», liest man etwa. Es ist die Erfahrung des Abgesondertseins mit entsprechenden Depressionen. Wir befinden uns im Februar 1942, aus Europa häufen sich die schlimmsten Nachrichten, gleichzeitig erobern die Japaner Singapur. Und Brasilien selbst, das Land seiner

Sehnsucht, wandelt sich allmählich zur Diktatur. Schon immer hatte Zweig in seinen literarischen Texten über an äußeren Bedrohungen leidende Menschen geschrieben. Nun riss eine faschistische Gewaltpraxis die gesamte abendländische Welt in den Abgrund. Noch lebte es sich in Petropolis nahe Rio de Janeiro verhältnismäßig ruhig. Aber ein Ende schien absehbar.

Zum letzten Mal ging er mit den wenigen verbliebenen Freunden zum Karneval, eine Woche später, am 21. Februar, schickte er das Manuskript der *Schachnovelle* an seine englischen, deutschen und brasilianischen Verleger. Dieses Buch also, das Dokument der Verzweiflung, sollte in jedem Fall erscheinen. Erst als es auf der Post war, nahm er in der nächsten Nacht zusammen mit seiner Ehefrau die tödlichen Tabletten. Mit staatlicher Unterstützung fand eine durchaus repräsentative Trauerfeier mit anschließender Beisetzung in brasilianischer Erde statt.

Verzögertes Beifallklatschen

Richard Strauss: *Vier letzte Lieder,* 1948

Als Hitler 1939 Polen überfiel und damit den Zweiten Weltkrieg auslöste, saß Richard Strauss an der Komposition seiner Oper *Die Liebe der Danae* und fürchtete, es könne sein letztes Werk werden. Er hatte sich mit den Nationalsozialisten früh arrangiert, war Präsident der Reichsmusikkammer geworden, unterschrieb öffentliche Aufrufe wie den gegen Thomas Manns Wagner-Aufsatz und duldete es, von der Partei als «großer Deutscher» vereinnahmt zu werden – gegen die Emigranten, mit denen die Elite auf allen Gebieten der Wissenschaft und Künste regelrecht auszubluten drohte.

Aber Strauss wusste sehr bald, was die Stunde geschlagen hatte, erlebte es schmerzvoll am eigenen Leib. Nach Vollendung der *Danae* 1940 schrieb er den Einakter *Capriccio,* Uraufführung 1942 in München – seine letzte Oper und auch das letzte Werk, dem er eine Opuszahl gab. Er erklärte bei dieser Gelegenheit seine Laufbahn als Komponist definitiv für beendet, Neues gebe es allenfalls als «Handgelenksübungen» für den Nachlass. Man muss dazu wissen: Im Jahr zuvor hatte sich Strauss in Berlin gegen Goebbels für eine Reform des Urheberrechts einzusetzen versucht und war unter gröbsten Drohungen abgeprallt. Seither lebte er in seiner Villa in Garmisch, las Goethe und schrieb Artikel zur Musik.

Dabei gab es eine Bedrohung von ganz anderer Seite. Der Sohn hatte eine Jüdin geheiratet, die 26 Familienmitglieder in KZs verlor. Die Schwiegertochter selbst und ihre beiden Kinder standen unter dem Schutz des Wiener Gauleiters Baldur von Schirach – eine Art Geschäft, zu dem Strauss seine Unterstützung des Wiener Musiklebens liefern musste. Das half, eine zwischenzeitliche Verhaftung durch die Gestapo verlief glimpflich, Schwiegertochter und Enkelkinder waren gerettet – Letztere brauchten keinen «Davidsstern» zu tragen und konnten mit «arischen» Kindern zusammen zur Schule gehen. Selbst Goebbels lenkte ein und Hitler persönlich setzte den Komponisten auf die Liste der «Gottbegnadeten» und auf die Sonderliste der drei «wichtigsten Musiker». Der Grund: Hitler war Wagner-Verehrer, und Strauss hatte seine Karriere nicht zuletzt seinem Engagement für Wagner zu verdanken. Er dirigierte in Bayreuth, war mit Cosima Wagner befreundet.

Wie wenig all dies jedoch bedeuten konnte, zeigte sich beim Versuch der Uraufführung der *Danae*-Oper im Rahmen der Salzburger Festspiele, die Strauss einmal mitbegründet hatte. Als es 1944 soweit war, erklärte Goebbels gerade den «totalen Krieg» und ließ alle Theater schließen. Der Gauleiter von Salzburg erteilte eine bizarre Ausnahmegenehmigung: Es durfte eine Generalprobe vor geladenen Gästen stattfinden, bei deren Gelegenheit Strauss dem Publikum mitteilte, dass die «abendländische Kultur» vor ihrem Ende stehe. Gerade hatte er den Schock erlebt, dass «sein» Münchner Opernhaus im Bombenhagel untergegangen war. Und der nächste Tiefschlag folgte anlässlich der Feier seines achtzigsten Geburtstags ebenfalls noch im Jahre 1944. Sie sollte offiziell übergangen werden, Wilhelm Furtwängler setzte mit Mühe durch, dass Strauss' Musik im Radio erklingen durfte – nur nicht unter Namensnennung. Als Strauss um die gleiche Zeit das Instrumentalwerk *Metamorphosen* vorlegte, in dem es um den Ausbruch tierischer Instinkte als Ursache des Krieges geht, rechnete er in seinem Tagebuch mit den Nationalsozialisten ab: Sie hätten die «schrecklichste Periode der Menschheit» gebracht, «eine zwölfjährige Herrschaft der Bestialität, Ignoranz und Unbildung».

Strauss überlebte mit seiner Familie den Krieg letztlich glimpflich, ging 1946 in die Schweiz. 1947 folgte er einer Einladung zur Konzertreise nach London, dirigierte in der Royal Albert Hall eigene Werke, als Zugabe den berühmten *Rosenkavalier*-Walzer. Bei der Rückkehr, anlässlich eines Urlaubs in Pontresina und Montreux, fiel der Entschluss zu neuem Komponieren, wofür er an ein Genre anschloss, das ihn seit den Anfängen neben den großen Orchesterwerken und Tondichtungen, neben den Opern und Ballettmusiken sowie der Kammermusik zeitlebens beschäftigt hatte: das Lied, speziell das vom Orchester begleitete Lied. Höchst Unterschiedliches war zustande gekommen: Gedichte von bekannten Autoren wie Friedrich Rückert oder Ludwig Uhland, Achim von Arnim oder Heinrich Heine stehen neben solchen von weniger bekannten. Und nun setzte er sich hin und schrieb die Begleitung zu drei Gedichten von Hermann Hesse und einem von Joseph von Eichendorff. Es ist unklar, ob damit ein Zyklus beabsichtigt war, jedenfalls stammt die Zusammenfassung zu den *Vier letzten Liedern* nicht von ihm selbst, sondern geht auf den Londoner Verleger Ernst Roth zurück, der das Ganze postum veröffentlichte, Uraufführung 1950 in der Royal Albert Hall unter Wilhelm Furtwängler.

Es läuft auf mehr als bloßes Hineingeheimnissen hinaus, wenn man dieses letzte Werk als «Abschied» deutet. Bereits das erste Hesse-Gedicht *Frühling* beginnt mit «dämmrigen Grüften», in denen der Dichter vom Erwachen der Natur träumt. *September* handelt von Herbst und Sterben. *Schlafengehen* beginnt mit dem «Tag», der «mich müd gemacht», mit «sehnlichem Verlangen» nach der «gestirnten Nacht», die das «müde Kind» empfangen möge. Und schließlich das Eichendorff-Gedicht *Im Abendrot* besingt «Not und Freude», durch die Wanderer gegangen sind, um endlich «stillen Frieden» im «Abendrot» zu erleben und zu enden: «Wie sind wir wandermüde – Ist dies etwa der Tod?» Worauf ein langes Nachspiel von einer Art folgt, die bei halbwegs sensiblen Zuhörern das abschließende Beifallsklatschen mehr als nur ein paar Sekunden hinauszögert.

Strauss bietet dabei eine Klangsprache, die am ehesten an den *Rosenkavalier* erinnert, mit dem er 1911 nach den schroff dissonanten Frühwerken der *Salome* und *Elektra* zu einem «klassischeren» Stil zurückgekehrt war, der letztlich zum Weltruhm führte. Wie gerade das letzte Gedicht gemeint war, zeigen dabei Zitate, zum Beispiel aus der frühen eigenen Tondichtung *Tod und Verklärung* mit dem «Verklärungsthema», vorgetragen vom Englischhorn, einer tiefen Oboe mit ihrem warmen Wohllaut. Daneben gibt es auch einen Anklang an das *Deutsche Requiem* von Brahms, genug also, um darin einen Abschied diesmal wirklich für immer zu sehen. Kein Wunder, dass das Werk große Beliebtheit im Konzertsaal erfuhr. Schon die erste Sopranistin in London, Kirsten Flagstad, war eine Berühmtheit.

Übrigens durfte Strauss 1948 noch seinen 85. Geburtstag erleben, der diesmal unbeschwert verlief, in der ganzen musikalischen Welt gefeiert. Ein Jahr später starb er in Garmisch-Partenkirchen.

Vollendung nicht nötig

Thomas Mann: *Bekenntnisse des Hochstaplers Felix Krull*, 1954

Das folgende Wort über das letzte Werk könnte Einmaligkeitswert haben. «Wie, wenn der Roman weit offen stehen bliebe?», fragte der 79-jährige Thomas Mann und gab selbst die Antwort: «Es wäre kein Unglück meiner Meinung nach.» Dies war ein Jahr vor dem Tod. Er hatte bis zuletzt noch am Text gearbeitet, *Der Memoiren erster Teil* kam zum Abschluss. Die Veröffentlichung des Torsos war durchaus erfolgreich, die Kritik schwelgte in Lob, binnen drei Monaten waren 60000 Exemplare verkauft. Wer weiß, was ihm noch durch den Kopf ging? Jedenfalls gab es Pläne für fünf weitere Teile, wie ein Notizblatt mit Inhaltsverzeichnis zeigt. Es kam nicht dazu, am 12. August 1955 starb Thomas Mann. *Wäre* es vielleicht dazu gekommen?

Zunächst einmal ist da die biographische Situation, vor allem der letzten beiden Jahre. Thomas Mann war 1952 aus dem amerikanischen Exil nach Europa zurückgekehrt und hatte nach provisorischen Unterkünften 1954 im schweizerischen Kilchberg am Zürichsee ein Haus erworben, in das er mit seiner Frau Katja und der ältesten Tochter Erika einzog. Was lange Zeit in der Schwebe lag, war damit entschieden, nicht zuletzt aufgrund von Anfeindungen im einstigen Gastland in Zeiten des Kalten Krieges. Ein Abgeordneter der Republikaner hatte ihn in einer Kongressrede als «einen der weltweit bedeutendsten Verteidiger von Stalin und Genossen» bezeichnet. Demgegenüber begann in der neuen alten Heimat die Zeit der Ehrungen. 1953 empfing ihn Papst Pius XII. zu einer Audienz. Cambridge verlieh ihm den Ehrendoktor, Lübeck die Ehrenbürgerwürde. Überall mussten Vorträge gehalten werden. 1955 sprach er zum 150. Todestag von Schiller – zusammen mit Bundespräsident Theodor Heuss, der es ausdrücklich befürwortete, dass Mann die Rede in Weimar, also in der DDR, wiederholte. Auch dort bemühte man sich sehr um den berühmten Schriftsteller: mit einem Ehrendoktor der Universität Jena, mit der Ehrenbürgerschaft von Weimar.

Was die Öffentlichkeit nicht weiß und auch nicht wissen soll: Thomas Mann kam kaum noch ohne Hilfe aus, ohne die Unterstützung der Tochter, die zweite starke Frau in der Familie nach der Ehefrau und diese bald in dieser Funktion ablösend. Erika war es, die zum vorläufigen Abschluss des *Felix Krull* gedrängt hatte, Erika stellte aus umfangreichen Studien zu Schiller eine einstündige Rede zusammen. Allerdings hatte sie den Vater vergeblich von der Reise nach Lübeck abzuhalten versucht, wo ihr nach dem Bruch mit der Stadt unterm Nationalsozialismus die Zeit zum Feiern noch längst nicht reif erschien. Vor allem war der Vater krank, er wusste es selbst am besten. Als die Feierlichkeiten anlässlich des achtzigsten Geburtstags anstanden, starb der Exfreund Erikas, Martin Gumpert, und Thomas Mann notierte in sein Tagebuch: «Und wann ich?»

Aber die Feier gelang, zog sich vom 4. bis 6. Juni hin. Die Kinder, soweit noch am Leben (Klaus Mann hatte lange zuvor in den USA Selbstmord begangen), waren aus allen Teilen der Welt angereist. Die Technische Hochschule in Zürich verlieh ihm den nächsten Ehrendoktor. Zum Höhepunkt aber kam es im Zürcher Schauspielhaus. Bruno Walter war als Überraschungsgast aus den USA eingeflogen, der große Dirigent, mit dem Mann einst in München Haus an Haus gewohnt hatte und von dem er sich die geliebten Wagner-Opern am Klavier hatte vorspielen lassen. Nun dirigierte er auf der privaten Feier Mozarts *Kleine Nachtmusik*.

Daneben fanden Lesungen aus Manns Werken statt, von Schauspielern bzw. Schauspielerinnen wie der großen Therese Giehse, der ersten «Mutter Courage» von Bert Brecht, einst der Geliebten Erikas, die zur Freundin der Familie geworden war. Die Moderation übernahm der renommierte Literaturwissenschaftler Fritz Strich. Unter den Gästen waren Thomas Manns Verleger, Gottfried Bermann Fischer, der den Fischer-Verlag während der Nazizeit von Kopenhagen aus geleitet hatte, auch der amerikanische Verleger Alfred A. Knopf. Aus der DDR war eine Delegation anwesend, die die gerade fertiggewordene zwölfbändige Gesamtausgabe mitbrachte. Da trat auch der Jubilar selbst auf die Bühne, um zu lesen. Und er wählte ebenfalls ein Stück aus einem eigenen Werk aus – es war der *Felix Krull.* Um abzuschließen: Zwei Monate später musste Mann ins Krankenhaus. Man verschwieg ihm die vernichtende Diagnose, «belog» ihn mit Harmloserem, wie er es selbst in seinem Storm-Essay ausdrücklich gelobt hatte. Er starb.

Also zuletzt der *Felix Krull.* Kein anderes Werk hatte ihn so lange beschäftigt, die Anfänge reichen zurück bis 1910. Erste Fassungen erschienen 1922/1923 und 1937, dann die Wiederaufnahme 1950 bis zur Fertigstellung des *Ersten Teils.* Womit bereits ein Stück Hintergrund angesprochen ist: Der Roman sollte eine Art Parodie von Goethes *Dichtung und Wahrheit* werden, daher die Bezeichnung der Kapitel als «Teile». Vor allem aber: Der Dichter ist in Zeiten der Moderne nicht mehr der Heros, er ist eher der Gaukler, der dem Publikum etwas «vorspielt». Und in diesem Fall geht es um sehr konkretes Vorspielen. Thomas Mann war homosexuell veranlagt, die Familie wusste es, die Kinder waren es mehrheitlich ebenso, Ehefrau Katja war eingeweiht und suchte damit zu leben. Die Figur des Felix Krull war also nicht nur der «Hochstapler» im sozialen Sinne, die sexuellen Erlebnisse mit den verschiedenen Frauen haben vielmehr alle diese homoerotische Seite. In den Frauen, die hinter dem «Kellner» her sind, versteckt sich Thomas Mann, der noch ganz zuletzt in den Kellner Franzl vom Zürcher Grand Hotel Dolder verknallt war – das Tagebuch zeigt es in allen Einzelheiten. Und der Professor für Paläontologie Kuckuck, der Felix Krull als angeblichen Marquis de Venosta kennenlernt und ihm einen Vortrag über den Menschen als «Spätankömmling» hält, *ist* unverkennbar Thomas Mann.

Immer wieder also geht es um das Thema einer «Liebe», die mit dieser rätselhaften bildungsmäßigen Unangemessenheit der Partner verknüpft ist, mit einer Liebe zum «Inferioren». Die Romanfigur macht Karriere, findet aufgrund der erotischen Ausstrahlung immer neue und gesellschaftlich immer überlegenere Partner. Geplant war dann der tiefe Fall, ausgelöst durch Diebstahl, was ihn ins Zuchthaus führt. Er entweicht, heiratet, verliert die Frau durch deren Tod, womit der Roman enden sollte. Ob die Handlung zuletzt die parodistische Absicht sprengte? Ihm überhaupt über den Kopf wuchs? Wir werden es nicht wissen.

Gutenachtgeschichten

Erich Kästner: *Der kleine Mann und die kleine Miss*, 1967

Man kennt das Problem von Fortsetzungen – sie werden selten so gut wie der erste Wurf. Aber man kann es ja versuchen. Der Autor macht es mit einem Trick, unterhält sich mit einer Figur seines ersten Werkes, um zu überlegen, wie es mit dem zweiten weitergehen könnte. Jakob Hurtig berichtet also von Jokus von Pokus, dem mittlerweile ein Sohn geboren wurde, für den Mäxchen einen hübschen Namensvorschlag gemacht habe: Joküßchen von Poküßchen. Wobei man wissen muss, dass Mäxchen 5 Zentimeter groß ist, aber ein berühmter Artist wurde, der ebenfalls unbedingt die Fortsetzung will, ja, dem sie der Autor bereits versprochen hat, auch wenn es dabei zu einem Zwischenfall kam. Auf der Terrasse in Lugano, dem Ort des Gesprächs, gab es nämlich zum nächtlichen Feuerwerk Pfirsichbowle, wonach man Mäxchen vermisste. Als man wieder das Licht anknipste, fand er sich im Bowleglas, aus dem man ihn klitschnass und beschwipst herausfischte.

Wer erzählt so etwas? Ein Vater am Bett seines Sohnes als Gutenachtgeschichte mit endlosen, weil allabendlich eingeforderten Fortsetzungen. Beide Personen gab es tatsächlich. Der Sohn war nämlich Thomas, geboren im

Jahre 1957, der Vater Erich Kästner, der die Geschichten in der Villa seiner Geliebten erzählte, wenn er in Berlin war, also nicht in München bei seiner Lebensgefährtin, die auch als Sekretärin fungierte. Natürlich kommt Kästner auch selbst in seinen Geschichten vor. Als er die Idee hatte, in der Fortsetzung zu *Der kleine Mann* eben *Der kleine Mann und die kleine Miss* zu schreiben, ließ er seinen Illustrator neun Bilder zu den handelnden Figuren mit stichwortartiger Vergangenheit zeichnen, unter denen sich auch Professor Hokus Pokus, Mäxchens Ziehvater, findet – mit den überdeutlichen Zügen seines Schöpfers.

Wonach dann der zweite Teil beginnen kann: mit der Verfilmung von Mäxchens Artistenkarriere, seiner Entführung und Rettung durch Kommissar Steinbeiß, dem lediglich die Entführer und ihr Auftraggeber, der Multimillionär Lopez, durch die Lappen gehen. So richtet man Mäxchen eine Art Puppenhaus ein, bis die Geschichte in ein überraschendes Happy End mündet: Nach der Ausstrahlung der mittlerweile fertiggestellten Fernsehserie meldet sich eine Jane Simpson, deren Tochter ebenfalls nur 5 Zentimeter groß und daher äußerst geeignet ist als Mäxchens Spielkameradin. Und so endet die Geschichte diesmal endgültig: «Doch keine Angst, ich fange nicht wieder von vorne an, sondern schreibe, mit kühnem Schwung, das Wörtchen – Ende.»

Ein letztes Werk mit Ankündigung also, zu dem es ohne Sohn Thomas nicht gekommen wäre – und zu einer

Alternative wohl auch nicht. Denn Erich Kästner war zuletzt nicht mehr erfolgreich gewesen, zehrte von seinem Ruhm aus den Anfangszeiten mit Kabarett, Feuilleton, satirischen Gedichten wie der Sammlung *Doktor Erich Kästners Lyrische Hausapotheke* oder *Herz auf Taille,* vor allem aber mit den Kinderromanen *Emil und die Detektive* von 1929, *Pünktchen und Anton* von 1931 und dem *Fliegenden Klassenzimmer* von 1933 – Welterfolgen mit Millionenauflagen, die erst in allerletzter Zeit von anderem abgelöst wurden.

Während der Naziherrschaft war Kästner geächtet gewesen, seine Bücher waren verbrannt worden. Aber er ging nicht in Emigration, überstand die Zeit mit Drehbüchern und kleineren Arbeiten unter Pseudonym. Danach konnte er noch einmal an den alten Ruhm anknüpfen, 1949 mit dem *Doppelten Lottchen,* verfilmt mit Publikumslieblingen wie Joachim Fuchsberger und Erich Ponto, ausgezeichnet mit dem ersten Bundesfilmpreis und in zahlreichen sprachlichen Fassungen, sogar einer japanischen, geboten. Auch das Märchenstück *Die Konferenz der Tiere* aus dem gleichen Jahr schlug noch einmal ein («Wir werden die Welt schon in Ordnung bringen! Wir sind ja schließlich keine Menschen!»). Aber Kästner war damit endgültig der «Kinderbuchautor» geworden, den Roman *Fabian* aus der Zeit vor den Nazis ließ man ebenso links liegen wie das Theaterstück *Die Schule der Diktatoren* danach.

Im Übrigen genoss Kästner trotz des speziellen Genres hohe literarische Achtung, die sich auch äußerlich in Anerkennung zeigte. Er gehörte sofort nach dem Krieg dem zuerst gesamtdeutschen PEN (als Sekretär) an, wurde nach dessen Scheitern zum Präsidenten der westdeutschen Abteilung gewählt. Immer wieder setzte er sich politisch ein: in der Bewegung gegen die Atomrüstung, gegen den Vietnamkrieg, gegen ein Gesetz zur Verjährung der Naziverbrechen. 1957 erhielt er den begehrten Büchner-Preis, die *Gesammelten Schriften* von 1969 umfassen acht Bände. Kaum ein Autor hat es auf so viele Benennungen von Schulen gebracht – mittlerweile sind es mehr als fünfzig.

Wenn Kästner zum Schluss vielleicht mehr als die Lust die Kraft zu Neuem fehlte, spielt dabei seine seit langem angeschlagene Gesundheit eine Rolle. Dreimal begann er zuletzt das Frühjahr mit Aufenthalten im Sanatorium in Agra im Tessin, wobei sich die Diagnose dramatisch steigerte: von schwerer Grippe über Tuberkulose zu Speiseröhrenkrebs. Der letzte Aufenthalt sollte sich dabei trotz aller Widrigkeiten zu einem literarisch produktiven entwickeln. Sein Illustrator Horst Lemke wohnte gleich nebenan in Brione, kam zu ihm herüber und konnte an Ort und Stelle mit dem Zeichnen beginnen. Genau hier also entstanden die Bilder als Einleitung zum *Kleinen Mann und der kleinen Miss,* auch die Geschichte mit dem ins Bowleglas gefallenen Mäxchen trug sich – jedenfalls in der Phantasie – auf einer Terrasse im Tessin zu.

Etwas anderes aber ist ebenfalls bemerkenswert. Die Kinderbücher Kästners waren nicht zuletzt deshalb so erfolgreich, weil ihr Autor über eine kindgerechte Schreibweise verfügte. Aber nicht nur dies. Ein durchgehendes Motiv ist die Vaterlosigkeit der kleinen Protagonisten, die Erziehung durch einen Onkel oder sonstigen Stellvertreter. Man muss nicht lange raten, warum. Kästners Kindheit war eben genauso verlaufen. Es waren nicht nur Kinderbücher, die er schrieb, es handelte sich immer auch um ein Stück Autobiographie.

Spezialeffekt mit Strohhalm

Die Beatles: *Abbey Road*, 1969

Als am 26. September 1969 die LP *Abbey Road* erschien, hatte sich der Zerfall der Beatles schon länger angedeutet. Es gab finanzielle Auseinandersetzungen, nicht zuletzt Probleme mit den Familien und Paarbeziehungen. 1950 hatte alles angefangen, ab August 1960 war man als «Die Beatles» zusammen, 1962 wurde mit der ersten offiziellen Single *Love Me Do* der Durchbruch in Großbritannien erreicht. Anschließend startete eine Karriere, die in der Musikgeschichte ohne Beispiel ist. Auf den weltweiten Tourneen grassierte die Beatles-Manie, bei der ersten Ankunft in New York brach der Flugverkehr zusammen. Mehr als eine Milliarde Tonträger wurden verkauft. Wie soll man einen solchen Erfolg verkraften oder gar steigern? Nach sieben Jahren fast ununterbrochenen Höhenflugs konnte das Ende eigentlich niemanden verwundern. Und es war keine Katastrophe. Die letzten Studioaufnahmen verliefen in von allen Seiten betonter Harmonie. Nur wollte man danach eben eigene Wege gehen und ging sie – nie mehr mit vergleichbarem Erfolg.

Abbey Road war das letzte gemeinsame und auch gemeinsam geplante Werk, benannt nach der Straße, in der die Studios zuhause sind, wo das meiste entstanden war.

Kein Wunder, dass sich Legenden über den Abschied bildeten. Zwei kanadische Discjockeys wollten einen geheim gehaltenen Tod Paul McCartneys ausgemacht haben, wofür sie im Cover der LP den Beweis erblickten: Man sieht darauf die Beatles hintereinander einen Zebrastreifen der Abbey Road überqueren, John Lennon vorneweg im weißen Anzug angeblich als Priester des Trauerzugs, Ringo Starr im schwarzen Anzug als ein Verwandter, Paul selbst, tatsächlich barfüßig, ein bereits Jenseitiger, der im Übrigen als Einziger nur die schwarze Straße betrete, nicht wie die andern auch die weißen Streifen. Und George Harrison im schlichten Straßenanzug könne nur der Totengräber gewesen sein. Paul hat die Geschichte, die bis in die BBC vordrang, auf einer Pressekonferenz mit der Tatsache widerlegt, dass er erkennbar lebend vor den Anwesenden stehe.

Abbey Road enthält insgesamt 17 Songs, entstanden in besonders kurzer Zeit zwischen dem 1. Juli und 3. August 1969. Sie unterscheiden sich in nichts von dem, was zur Marke gehörte: Texte, vorgetragen von wechselnden Leadsangern, oft zu einem begleitenden Hintergrundchor, dazu instrumentale Begleitung durch Slide- und E-Gitarren, Orgel mit verschiedenem Sound, Schlagzeug, gelegentlich ergänzt durch Überraschendes wie ein komplettes Orchester. Die Texte waren immer schlicht, nicht kritisch, aber auch nicht schmalzig nach Schlagerart. Gerade die berühmten Songs entsprangen oft äußeren Anlässen wie etwa der sehr erfolgreiche *Hey Jude,* den McCartney für den fünfjährigen Sohn Julian von John Lennon nach dessen Trennung von seiner Ehefrau geschrieben hatte.

Schon der erste Song der LP, *Come together,* beginnt zwar mit einem «Schieß! Schieß! Schieß!», aber es geht um Coca-Cola, und der Besungene ist nur eine Nervensäge, ein Herumtreiber, der behauptet, eins und eins sei drei, worauf alle zusammenkommen sollen, um sich gegen so viel Unsinn zu wehren. Die Komposition stammt von John, der auch beide Stimmen sang und beide Gitarren spielte, während sich Ringo und Paul am Schlagzeug abwechselten, Paul auch noch Orgel spielte. John brachte zum Ausdruck, er habe zunächst einen Protestsong schreiben wollen, aber dann doch die harmlose Variante gewählt.

Man kann bei den Texten von einer gewissen Alltagsphilosophie sprechen, kleinen Erkenntnissen im Vorübergehen ohne viel Aufhebens. In *Maxwell's Silver Hammer* etwa geht es nach Paul um «die Niederschläge des Lebens», «gerade wenn alles gut läuft – Bäng, Bäng – Maxwell's Silver Hammer schlägt zu, und alles ist ruiniert». *I Want You* handelt nach John von Yoko, die er als starke Frau besingt. Die Idee zu *Octopus's Garden* kam Ringo nach eigener Angabe bei einer Bootsfahrt im griechischen Mittelmeer, wo man ihm einen Tintenfisch im Wasser zeigte und etwas über deren Leben erzählte. In *You Never Give Me Your Money* handelt es sich um eine Anspielung auf die finanziellen Probleme mit dem Label Apple, an denen der Manager schuld sei. Schließlich geht es in *Her Majesty* ohne direkte Namensnennung um Queen Elizabeth II., die den Beatles einmal einen hohen Orden für ihre Verdienste um Großbritannien verliehen hatte, wonach allerdings zahlreiche vorherige Träger ihre Orden abgaben, weil sie sich in einer Art falschem Club sahen.

Wohl niemand hat jemals den Erfolg der Beatles mit diesen Texten in Verbindung gebracht. Es war die Musik, die als revolutionär oder befreiend empfunden wurde, der Sound, der einmal aus dem Rock und Pop entstanden war und sich gerade zur damaligen Zeit mit neuen technischen Mitteln perfektionierte. Wenn dann auch noch «Botschaften» entstanden wie *All You Need Is Love* war die Wirkung umwerfend und führte in den Konzerten zu Begeisterung oder auch Schreikrämpfen. Gerade die Beatles hoben sich dabei von gleichzeitig agierenden Gruppen wie etwa den Rolling Stones durch den eher intimen Charakter ab, verzichteten auf grelle Effekte oder übermäßige Lautstärke und setzten auf immer neue Varianten bzw. Abmischungen, gerne ergänzt durch Überraschendes. Nicht zuletzt war das eigentlich Musikalische, die Behandlung der Harmonik, komplex und anspruchsvoll. Als sich viele U-Musiker in aller Welt angesichts des Erfolgs dieser «Kollegen» abfällig äußerten, verglich Leonard Bernstein vielleicht wirklich etwas übertrieben die Beatles mit Mozart.

Auch die letzte LP ließ es an musikalischer Vielfalt und Überraschung nicht fehlen. Der Song *Oh! Darling* mit Paul als Leadsänger erhielt einen Echoeffekt. Vor allem aber hatte Paul hart daran gearbeitet, seine Stimme statt sauber und klar eher reibeisenmäßig wie nach wochenlanger Überanstrengung klingen zu lassen. Ringo war bei seiner Komposition von *Octopus's Garden* Leadsänger und setzte die andern als Backgroundchor ein. Als Spezialeffekt blies er mit einem Strohhalm in ein Glas Wasser und nahm die Töne verstärkt auf. *Because* eröffnet Paul mit cembaloähnlichem E-Piano, bietet ausgeklügelte Gesangsharmonien und lässt Bläserarrangements von Studiomusikern hinzuspielen. In *Sun King* gibt es Grillenzirpen und Vogelgezwitscher, das John in einem Park aufgenommen hatte, in *Polythene Pam* hört man eine Kuhglocke und ein Tamburin. *Golden Slumbers,* ein bekanntes Wiegenlied, sang Paul zu opulenten Streicherklängen. Bleibt nur hinzuzufügen, dass die LP die meistverkaufte der Beatles überhaupt wurde, in drei Wochen erreichte sie die Zahl von vier Millionen.

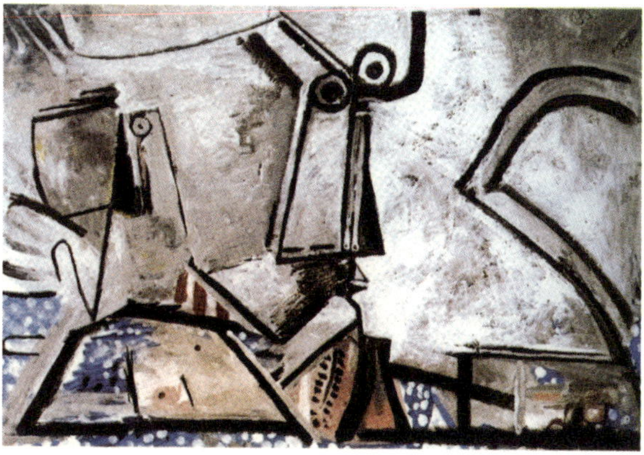

Noch feucht ins Museum

Pablo Picasso: *Liegender weiblicher Akt und Kopf*, 1973

An Picasso kann man vieles faszinierend finden, nicht zuletzt die schiere Fülle seiner Werke. Natürlich kommt das lange Leben ins Spiel, das unverdrossene und anscheinend auch uneingeschränkte Arbeiten noch mit 91. Aber was in dieser Zeit an Gemälden, Zeichnungen, Graphiken, Skulpturen, Keramiken, Drahtgebilden und was alles sonst noch zusammenkam, geht in die Tausende, wenn nicht Zigtausende. Picasso dürfte neben anderen Superlativen auch diesen erreicht haben: den des produktivsten Künstlers aller Zeiten. Bezeichnend deshalb sein letztes Werk, ein Ölgemälde, von dem hier die Rede sein soll. Es war für eine Ausstellung im ehemaligen Papstpalast in Avignon ab dem 23. Mai 1973 bestimmt. Picasso arbeitete am Abend des 7. April in seiner Villa in Mougins daran, hellte eine erste Fassung auf. Am nächsten Tag ging es noch nicht wirklich trocken in die Hände des Kurators. Bevor es in Avignon ankam, gegen Mittag, erlag der bedeutendste Künstler seiner Zeit einem Lungenödem als Folge einer nicht auskurierten Grippe.

Also sicher kein Werk des Abschieds, sondern eines mitten im Strom des Produzierens, das Picasso zur zweiten Natur geworden war. Dabei ist das Bild auch noch in einer anderen Hinsicht typisch. Es gehört zu den Themen, die er fast unendlich oft abgewandelt hatte: in diesem Fall den weiblichen Akt. Denn zur Hervorhebung der Fülle gehört die scheinbar paradoxe Tatsache, dass es letztlich nur wenige Themen waren, die diesen so überaus produktiven Geist beschäftigten. Der Maler und sein Modell gehört dazu, der Stierkampf, die Welt des Zirkus mit seinen Harlekins – all dies in den verschiedenen Stilen, die er sich angeeignet hatte: realistisch, neoklassizistisch, kubistisch, surreal, anfangs an Farben gebunden, die sich in den berühmten Perioden abwechselten. Nur ein Feld betrat er so gut wie nie: das der reinen Abstraktion. Picasso arbeitete zeitlebens konkret, mit Hilfe von Linien, er zeichnete. Was die Zeitgenossen als revolutionär empfanden, hatte einen zutiefst konservativen Grundzug.

Wo auch immer man eintaucht in diesen Schaffensrausch, bestätigt es sich. 1917, als er erstmals Kostüme und Dekorationen für die Ballets Russes mit Olga Chochlowa, seiner späteren ersten Ehefrau, entwarf, entstanden Harlekine abwechselnd in klassischem und in synthetisch-kubistischem Stil. 1923 malte er Porträts eines befreundeten Malers als Harlekin abwechselnd kubistisch und neoklassizistisch. Als 1931 vollplastische Skulpturen – Köpfe, Büsten – entstanden, entwarf er parallel dazu Zeichnungen und Graphiken. 1935 arbeitete er an einem Zyklus von Radierungen zum Thema *Minotauromachie,* einer der vielen Gegenstände aus der klassischen Mythologie, die ihn immer wieder beschäftigten, etwa bei der Illustration von Ovids *Metamorphosen.* Und dann erneuerte er auch noch das Historiengemälde. Denn eines seiner berühmtesten Bilder, *Guernica,* zeigt die Bombardierung der Stadt als Mahnmal gegen den heraufziehenden Weltkrieg. Es war im Auftrag der republikanischen Partei für den Spanischen Pavillon der Pariser Weltausstellung gedacht und erregte weltweit Aufsehen, zumal die Herstellung fotografisch festgehalten wurde.

Damit ist eine weitere Seite dieses Künstlers berührt: sein politisches Engagement, das ihn 1944 zum Eintritt in die Kommunistische Partei bewog. Nach dem Krieg, 1949, war es die Lithographie *La Paloma* («Die Taube»), die als Motiv für das Plakat des Weltfriedenskongresses in Paris ausgewählt und dann das bekannteste Friedenssymbol in Zeiten des Kalten Krieges wurde. Als 1951 die Amerikaner in Korea einmarschierten, malte er das *Massaker in Korea* als Protest. 1951 war er beim Weltfriedenskongress in Rom. Das riesige Wandgemälde für das Verwaltungsgebäude der UNESCO in Paris, *Der Sturz des Ikarus,* wurde 1958 fertig.

Und dann entstanden immer wieder umfangreiche Serien. Als er 1954 die junge Engländerin Sylvette David kennenlernte, porträtierte er sie in 39 Zeichnungen und Gemälden innerhalb eines Monats – wobei ganz nebenbei der Pferdeschwanz zur Modefrisur von Teenagern in aller Welt wurde. 1957 waren es 26 Blätter mit Stierkampfszenen, die *Tauromachia,* weiter 58 Variationen zum Gemälde *Las*

Meninas von Diego Velázquez. 1960 war es wieder einmal das Thema *Maler und Modell,* das er aufgriff und das gesamte nächste Jahrzehnt beherrschte. Jacqueline Roque, seine zweite und letzte Ehefrau, hielt er 1962 in über siebzig Porträts fest, fortgesetzt 1963 in weiteren dreizehn Fassungen, darunter als das *Große Profil.*

Der Kunsthistoriker Christian Zervos, der den Werkkatalog verfasste, widmete dem Jahr 1964 einen kompletten, nämlich den 24. Band, darunter zwanzig Bilder *Akt mit Katze.* Zur Serie *Maler und Modell* entstanden allein im März 1965 etwa dreißig Gemälde. 1968 waren es von März bis Oktober 347 Graphiken aus der Welt des Zirkus, des Stierkampfes, des Theaters. 1969 entstanden 194 Zeichnungen für eine Ausstellung, die noch am Eröffnungstag alle verkauft wurden: für 30–40 000 Francs. 1970 waren es zweihundert Zeichnungen, zahlreiche Gemälde, mehrere Fassungen von *Der Matador.* 1971 folgte das Jahr der größten Ehrung, als der Pariser Louvre eine Ausstellung mit einigen seiner Bilder zeigt, wie es noch keinem lebenden Künstler zuteilgeworden war – Eröffnung durch den Staatspräsidenten Georges Pompidou. An ein Ausruhen war indes nicht zu denken. 1972 und 1973 arbeitete er in der letzten großen Wirkungsstätte der Villa in Mougins, zwischen Cannes und Nizza gelegen, an weiteren Zeichnungen, Graphiken, Gemälden.

Und darunter, ganz am Ende, *Liegender weiblicher Akt und Kopf.* Man muss einen Augenblick genau hinsehen, um die zerschnittenen Flächen zuzuordnen. Letztlich ist es jedoch so, wie es schon lange war, immer neu, immer in subtiler Abwandlung. Natürlich kam es rechtzeitig zur Ausstellung im Papstpalast an, die allerdings völlig unerwartet zur ersten Gedenkausstellung mutierte. Das Bild wurde auffällig positioniert, man konnte es schon von weitem unter dem Bogen einer Wandöffnung erkennen.

Der Bonner Republik ins Stammbuch geschrieben

Heinrich Böll: *Frauen vor Flusslandschaft*, 1985

In den 1960er Jahren gab es im Deutschunterricht an Gymnasien einen Renner: Kurzgeschichten. Das Genre kam wie so vieles nach dem Krieg aus den USA, als Short Storys von Größen wie Ernest Hemingway zum Beispiel – wer kennt nicht den *Alten Mann und das Meer?* Sie waren noch kürzer als Novellen und daher bei Schülern sehr beliebt. Der Inhalt konnte weit streuen, aber es gab in Deutschland einen Schwerpunkt mit der sogenannten Trümmerliteratur wie bei Wolfgang Borcherts *Nachts schlafen die Ratten doch.* Und auch ein anderer ehemaliger Kriegsteilnehmer wurde zunächst mit solchen Kurzgeschichten bekannt: Heinrich Böll, mit *Wanderer, kommst du nach Spa…* zum Beispiel – nach dem abgebrochenen Satz, der an der Tafel stehenblieb, als die Schüler zur Front mussten. Der Verfasser formulierte dazu 1952 ausdrücklich sein *Bekenntnis zur Trümmerliteratur.*

Es ist nicht bei diesem engen Thema geblieben, aber was Böll später in zahlreichen Romanen ablieferte, lässt sich unter einem durchaus ähnlichen Titel zusammenfassen: als «Bewältigungsliteratur». Immer geht es um die Auseinandersetzung mit den Kriegsjahren *(Wo warst du,*

Adam?), mit deren Folgen *(Haus ohne Hüter)*, mit Opportunismus und Verantwortung unterm Nationalsozialismus *(Billard um halb zehn)*, mit Vorurteilen, die in Zeiten der Diktatur eine Liebe zerstören *(Gruppenbild mit Dame)*. Der letztgenannte Roman, 1971 erschienen, spielte übrigens bei der Verleihung des Literaturnobelpreises die wohl entscheidende Rolle, obwohl die Verleihung offiziell dem «Lebenswerk» des damals erst 55-Jährigen galt. Für nicht wenige war dies überraschend gewesen, man hatte eher an den Preis für Günter Grass und seine *Blechtrommel* gedacht, worauf dieser jedoch noch lange warten musste – bis 1999. Böll nahm selbstverständlich die Ehre an, schrieb aber nun erst recht weiter.

Schon 1963 hatte er in den *Ansichten eines Clowns* «sein» Themenspektrum erweitert, war es doch um das Auseinanderklaffen von katholischer Religion und wirklicher Nächstenliebe gegangen. 1974 widmete er sich in *Die verlorene Ehre der Katharina Blum* dem Missbrauch von Medienmacht, den seiner Meinung nach der Springer-Verlag mit der *Bild*-Zeitung ausübte. 1979 ging es in *Fürsorgliche Belagerung* um die Geschichtsbewältigung im sogenannten Deutschen Herbst mit dem Auftreten der RAF, der terroristischen Rote Armee Fraktion, die unter anderem den Arbeitgeberpräsidenten Hanns Martin Schleyer ermordete. All dies aber stand im Zusammenhang mit einem zunehmenden Engagement im politischen Geschehen der Bundesrepublik. 1972, wenige Monate vor der Nobelpreisverleihung, erzeugte Böll einen Skandal mit seinem *Spiegel*-Artikel *Will Ulrike Gnade oder freies Geleit?*, in dem er das Schicksal einer der zentralen Figuren der RAF in Zusammenhang mit der Berichterstattung der Springer-Presse brachte. Weil man beim *Spiegel* nur den Vornamen genannt hatte, erzeugte dies das Bild einer Vertrautheit, die zum Vorwurf eines «geistigen Sympathisanten» des Terrorismus führte – mit anschließender Hausdurchsuchung.

Die verlorene Ehre der Katharina Blum, vom damaligen Bundespräsidenten Karl Carstens als «Rechtfertigung von terroristischer Gewalt» bezeichnet, ist also nicht zufällig entstanden. Übrigens war der Roman mit einer Millionenauflage, mit Verfilmung, Übersetzung in mehr als dreißig Sprachen und nicht zuletzt mit dem Einsatz als Schulbuchlektüre das erfolgreichste Werk Bölls überhaupt. Auch die *Fürsorgliche Belagerung* bezog ihren Stoff aus eigener leidvoller Anschauung – vom Vorwurf des Sympathisantentums mit Terroristen und der entsprechenden Hausdurchsuchung war schon die Rede. Es blieb nicht bei diesen Engagements. Böll reagierte auf Probleme in Bolivien, unterstützte Rupert Neudecks Hilfsorganisation Cap Anamur, wandte sich in einer Großkundgebung gegen die NATO-Nachrüstung. Im Wahlkampf von 1982 setzte er sich sowohl für Willy Brandts Ostpolitik wie für die Grünen ein und bekämpfte schließlich entsetzt die Ernennung von Peter Boenisch, dem ehemaligen Chefredakteur der *Bild*-Zeitung, zum Regierungssprecher. Sein Buch *Bild, Bonn, Boenisch* wurde 1984 ein Bestseller.

So gesehen ist es nicht ohne Überraschung, dass Böll in seinem letzten Roman, *Frauen vor Flusslandschaft*, kein aktuelles Problem, sondern die Geschichte der Bonner Republik als Ganzer zum Thema machte – es liegt nahe, von einem «Vermächtnis» zu sprechen. 1981 hatte er mit der Arbeit begonnen, war wiederholt wegen einer schweren Gefäßerkrankung aufgehalten worden, brachte sie aber 1985 zu Ende – kurz vor seinem Tod erfolgten die letzten Korrekturen. Formal hatte Böll Neues gewagt: Der «Roman» ist in Dialogen und Monologen samt «Bühnenanweisung» verfasst und konnte entsprechend von Volker Schlöndorff 1988 leicht auf die Bühne gebracht werden.

Zum verwickelten Inhalt so viel: Gattinnen bzw. Lebensgefährtinnen von Bonner Politikern und deren eigentlichen Strippenziehern, den Bankiers, verweigern ihre Mitarbeit beim allgemeinen Gemauschel. Der Roman beginnt damit, dass Erika Wubler ihren Mann damit überrascht, dass sie nicht an einem Gedächtnisgottesdienst für einen hohen Politiker teilnehmen und neben den Honoratioren sitzen will, von denen sie genau weiß, wie sie sich im wahren Leben verhalten – mit ihren schmutzigen Geldgeschäften und diversen Liebschaften. Was ihr Mann als «Skandal» bezeichnet, steht dann neben wirklichen Skandalen. Ein Minister stürzt, als herauskommt, dass er im Zweiten Weltkrieg polnischen Partisanen deutsche Waffen verkauft hatte. Nachfolger wird Fritz Blaukrämer, dessen Frau die Nazivergangenheit nicht zu ignorieren gedenkt.

Im Zentrum des Ganzen steht der Bankier Schwamm, der «Geld auf- und ansaugt», von dem jedoch niemand jemals die «Papiere» sah. In einer besonders abstoßenden Szene anlässlich der Feier zur Ernennung von Blaukrämer als Minister besteht Schwamm darauf, eine der anwesenden Frauen «unanständig machen» zu wollen, worauf Blaukrämer ihm seine Trude zuführt. Am Ende des Romans will ein weiterer Bankier, Karl von Kreyl, zusammen mit seiner Frau «in den Rhein gehen», trägt schon die Reisetaschen mit Bleiklumpen bei sich, ehe sein Sohn ihm den Selbstmord ausredet. Viele Fragen bleiben offen, nur nicht die nach einer Republik mit zahlreichen problematischen Darstellern. Teile des Romans sind übrigens im *Spiegel* vorabgedruckt worden.

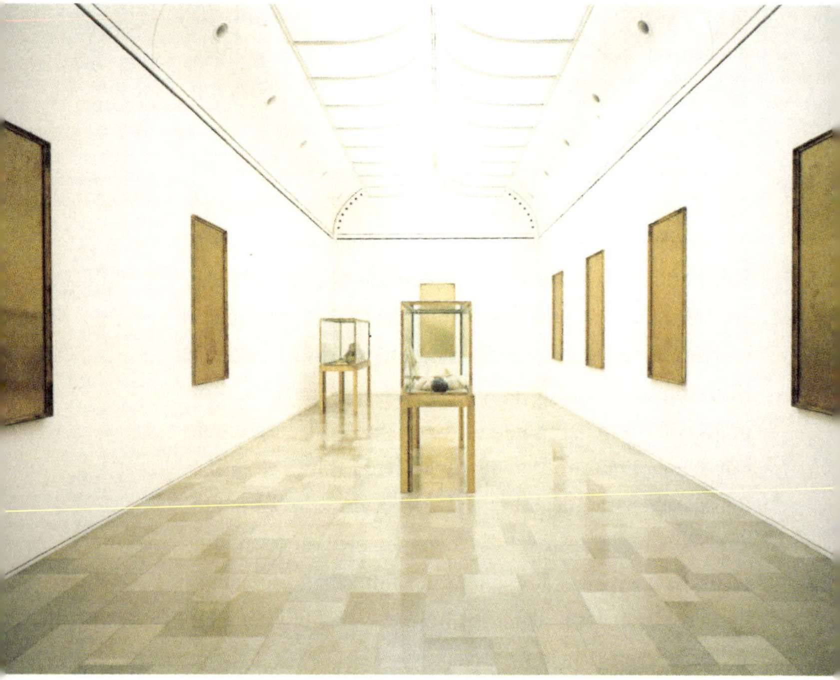

Provokationen mit Filz und Fett

Joseph Beuys: *Palazzo Regale*, 1986

Wer sich mit Joseph Beuys beschäftigt, bekommt es mit Provokationen zu tun. Der «Mann mit dem Filzhut» war ein Bürgerschreck, der es nicht bei der Kunst beließ. Auf einer documenta-Ausstellung in Kassel, an der er seit 1964 jährlich teilnahm, sah er in einem Interview die Aufgabe der Kunst darin, «die Gesellschafsordnung wie eine Plastik zu formen». Stets schaltete er sich in politische Diskussionen ein, schlug eine Erhöhung der Berliner Mauer um 5 Zentimeter aus Gründen der «Proportion» vor und erklärte das Contergan-Kind zum «größten Komponisten der Gegenwart», weil es Leiden «zusammenfasse», «komponiere». Berühmt ist auch seine Theorie, dass «jeder Mensch ein Künstler» sei.

In der Kunst selbst bevorzugte er, der als Bildhauer begonnen hatte, Installationen, die Präsentation von «Dingen» in Räumen, die zum Nachdenken anregen sollten. Dabei spielten Materialien eine Rolle, die nach traditionellem Verständnis wenig geeignet erscheinen: Filz und Fett. Zur Erklärung bot er eine «Geschichte» aus seiner Soldatenzeit im Zweiten Weltkrieg. Er sei nach dem Abschuss seines Flugzeuges über der Krim von «Tartaren» gefunden worden, die ihn durch Salbung mit Fett und Einhüllen in Filz gerettet hätten – was seine Ehefrau als erfunden dementierte. Daneben verwies er beim Filz auch allgemeiner auf die Eigenschaft des Materials, «gegen schlechte Einflüsse von außen zu schützen», «Isolator im positiven Sinn» zu sein. Man könne einen Anzug oder ein Zelt daraus herstellen, das wie bei den Mongolen gegen Wärme und Kälte schütze. An wieder anderer Stelle hob er den «menschlichen Sinn für Temperatur» hervor, mit dem er künstlerisch gegen die Fixierung auf «Visuelles» vorgehen wolle.

Und so tauchten denn immer wieder Gegenstände aus Filz auf. Schon eine seiner ersten Ausstellungen in der Kunstakademie von Mönchengladbach zeigte 1969 ein in Filz verpacktes *Revolutionsklavier* unter roten Rosen und Nelken. Bei der Installation *Plight* in einer Londoner Galerie waren zwei Räume vollständig mit Filz ausgekleidet, in ihnen standen zahlreiche dickleibige Filzrollen wie Säulenstümpfe, jeweils 150 Zentimeter hoch, weiter Konzertflügel, Tafel und Thermometer – man kann die Installation heute im Centre Pompidou in Paris sehen. Aber nicht immer spielte Filz eine Rolle. Seinen Durchbruch erreichte Beuys 1969 auf dem Kölner Kunstmarkt mit der Installation *The pack* («Das Rudel»), bei der er einen alten VW-Bus mit 24 Schlitten zusammenstellte, was dann öffentlichkeitswirksam und skandalträchtig für 110 000 D-Mark verkauft wurde. Bei der 37. Biennale in Venedig 1976 bestand die Installation im Deutschen Pavillon aus einer *Straßenbahnhaltestelle.* Bei der documenta 6 von 1977 in Kassel war es eine *Honigpumpe am Arbeitsplatz.*

Eine weitere und noch spektakulärere Eigenart von Beuys' Kunst lag in der Veranstaltung von Aktionen, Happenings. Allen ist ein erheblicher persönlicher Einsatz gemeinsam nach dem Motto, «Bewegung» verdeutliche den «nomadischen Habitus» des Menschen. 1974 verbrachte er drei Tage mit einem von nordamerikanischen Ureinwohnern als heilig verehrten Kojoten in den Räumen einer New Yorker Galerie – wurde damit zum «Schamanen», zum «heiligen Mann». Stets waren die Aktionen akribisch vorbereitet. Bei der Aktion *7000 Eichen,* die in aller Welt gepflanzt wurden, trieb er die 3,5 Millionen D-Mark durch eine Werbeaktion für eine japanische Whiskymarke ein, wobei allein seine Aussage, der Whisky sei «wirklich gut», 400 000 D-Mark einbrachte. Als es 1972 bei seiner Amtsführung als Professor für Bildhauerei an der Düsseldorfer Kunsthochschule zum Eklat kam, machte er auch daraus eine Aktion. Beuys hatte den Numerus clausus ignoriert und vierhundert Studenten aufgenommen, die er übrigens tagtäglich betreute. Der Wissenschaftsminister Johannes Rau entließ ihn nach Verwarnung, woraufhin umfangreiche Unterschriftenaktionen folgten, Autoren wie Heinrich Böll und Peter Handke, Kollegen wie Gerhard Richter Protestbriefe verfassten. Als man sich schließlich auf einen Kompromiss einigte, ließ sich Beuys in einem Einbaum über den Rhein «heimholen».

Natürlich waren Aktionen nur begrenzt möglich – insgesamt kamen um die dreißig zustande. Viel häufiger waren die Ausstellungen mit ihren Installationen. Als sich Beuys zu einer Autobiographie überreden ließ, die in erster Linie die Ausstellungen berücksichtigte, verzichtete er nicht auf seine skurrilen Einfälle. Die erste Ausstellung datierte er gleich in sein Geburtsjahr 1921 unter dem Titel *Ausstellung einer mit Heftpflaster zusammengezogenen Wunde.* Es folgte für 1924 die *Öffentliche Ausstellung von Heidenkindern,* für 1927 die *Ausstellung von Ausstrahlung* und so weiter, ehe man das findet, wonach man vermutlich sucht, zum Beispiel seine Ernennung zum Professor 1961, nachdem der Eintrag für 1956/1957 gelautet hatte: «Beuys arbeitet auf dem Felde», und für 1957 bis 1960: «Erholung von der Feldarbeit». Die letzte Ausstellung, die Beuys noch selbst erlebte, fand in der Royal Academy of Arts in London vom 11. Oktober bis zum 22. Dezember 1985 statt. Man zeigte dort ältere Arbeiten von ihm, darunter die *Straßenbahnhaltestelle,* aber auch sein neuestes Werk: *Nasse Wäsche Jungfrau II.*

Die definitiv letzte Ausstellung aber fand in Neapel statt, im zum Kunstmuseum Capodimonte umfunktionierten alten Bourbonenschloss. Man hatte ihm einen eigenen Raum zugewiesen, für den er eine Installation entwarf, die aus zwei Vitrinen und einigen Messingtafeln an den Wänden bestand. Beuys beschrieb das Ganze als eine «Skulptur», die auf sein Gesamtwerk zurückblicken sollte, daher Erinnerungsstücke früherer Aktionen in den Vitrinen zeigte. Der Titel *Joseph Beuys Palazzo Reale* sollte am «ungeheuer mächtigen Charakter» des Gebäudes partizipieren, das immerhin einmal den Vizekönig beherbergt hatte. Als die Ausstellung am 23. Dezember 1986 eröffnete, war ihr Schöpfer schwer erkrankt und reiseunfähig. Ihr Ende am 31. Mai 1986 erlebte er nicht mehr, er starb am 23. Januar. Die Kunstsammlung Nordrhein-Westfalen, betreut von jenem Staat, mit dem er einmal so sehr zusammengeprallt war, ließ es sich nicht nehmen, die Installation als «triumphale Zusammenfassung» des Gesamtwerks anzukaufen.

Probeliegen im Sarg

Günter Grass: *Vonne Endlichkeit,* 2015

Das Sommerloch 1995 wird in Deutschland von einem ungewöhnlichen Thema beherrscht: Günter Grass hat einen Roman geschrieben, *Ein weites Feld,* und die ewig hungrige Kritik erhält endlich wieder einmal Futter. Der *Spiegel* toppt alles. Man sieht Marcel Reich-Ranicki auf dem Titelblatt – wann wurde das schon einmal jemandem beim Thema Literatur zuteil? – mit entzweigerissenem Buch. Höhnisch beginnt der Artikel mit den Worten: «Mein lieber Günter Grass». Was dann folgt, lässt sich nur als Hinrichtung fassen. «Wertlos und langweilig von der ersten bis zur letzten Zeile», liest man. Ja, da war einmal ein großer Schriftsteller, der die *Blechtrommel* geschrieben hat, aber spätestens mit der *Rättin* abgestürzt ist. Was die meisten Leser wohl nicht wissen: Vor 36 Jahren hatte derselbe Kritiker fast dasselbe schon einmal gesagt – über die *Blechtrommel:* Eine «Rebellion des Schwachsinns und des erzählerischen Unvermögens» sei es, der Verfasser von der Sorte jener «geigenden Zigeunervirtuosen», die überwältigten «vor allem, wenn man etwas getrunken hat». Gewiss, Reich-Ranicki hat sich später dafür entschuldigt, aber nur, um mit der *Blechtrommel* die Fallhöhe zu gewinnen, von der alles andere hinuntergestürzt werden konnte.

Was wie der Beitrag eines Solisten aussieht, lässt sich aber auch als Chor beschreiben. Fast niemand im gehobenen Feuilleton wollte sich die Blöße geben, nicht mitgetreten zu haben. Irisch Radischs Urteil in der *Zeit:* «ein katastrophales Buch», «ungenießbar». Selbst der *Stern* machte mit. Und man kann hinzufügen: So war es nun einmal – immer. Grass, der spätere Nobelpreisträger, war wohl der meistbeschimpfte Dichter der deutschen Nachkriegszeit. Was er vielleicht etwas zu verdanken hat, das hierzulande noch weniger verziehen wurde als angeblich mangelhaftes Erzählen: pornographischen Einsprengseln, wie sie schon die *Blechtrommel* enthielt. Da kam dann die politisch linke Überzeugung nur noch hinzu. Erst recht die lange verschwiegene Mitgliedschaft in der SS. Und dann auch noch das Gedicht *Was gesagt werden muss,* in dem Grass Israel mit seiner Besatzungspolitik angriff. Grass hatte sich die Hetzjagd auf ihn in gewissem Sinne redlich verdient. Und konnte davon allerdings auch gut leben. *Ein weites Feld* rückte sofort in der *Spiegel*-Bestsellerliste auf die Nummer 1 – wie sechs weitere verurteilte Werke, darunter die am allermeisten geschmähte *Rättin.*

Niemand wird erwarten, dass in diesen Zeilen eine Zurechtrückung erfolgt. Eher kann man darüber nachdenken, wozu eigentlich die Kritik da ist. Im Falle Grass gibt es nur ein Urteil: um mit Schmähen den Umsatz zu steigern – auf Seiten des Autors (Grass schmähte durchaus zurück, mit «Wadenpisser» zum Beispiel) wie der Kritiker. Aber wirklich interessant ist eigentlich die andere Frage, wie vor solchem Hintergrund ein so reichhaltiges Werk entstand. Und dies ja nicht nur als Literatur mit den Gattungen Roman, Novelle, Lyrik (ja gerade Lyrik, die dieser Autor besonders liebevoll und besonders erfolglos pflegte). Grass hatte vielmehr als Bildhauer begonnen und war ein durchaus achtbarer bildender Künstler, der seine Werke mit selbstentworfenen Graphiken zu illustrieren pflegte. Und fügen wir hinzu: Ihm war ein langes Leben vergönnt, sein letztes Werk, *Vonne Endlichkeit,* kam im Todesjahr 2015 heraus, vom 87-Jährigen.

Dabei hat sich Grass eigentlich zweimal von der Welt verabschiedet. Einmal mit autobiographischen Beiträgen, von denen der letzte, *Grimms Wörter,* 2010 erschien. Der Untertitel, *Eine Liebeserklärung,* verweist nur auf die eine Hälfte des Anliegens, nämlich die zeitlebens dominante Beschäftigung mit dem Medium Sprache, dem die Brüder Grimm einst in ihrem riesigen *Deutschen Wörterbuch* eine wesentliche Grundlage gegeben hatten. Die andere Hälfte liegt im Fortspinnen der endlosen Grimm'schen Beschreibungen des deutschen Wortschatzes. Wo Grass unterm Buchstaben A blättert, stößt er etwa auf die «Arbeit» und schreibt dann über die «Ausbeutung der Arbeiterklasse», die «europäische Arbeiterbewegung» mit August Bebel an ihrer Spitze. Und auch über die eigenen Wahlkampfreisen 1965 und 1969, wo er über «Arbeitermitbestimmung» und «Kündigungsschutz» sprach, unter anderem beim Auftritt in einer Gelsenkirchener Werkkantine, die kaum Platz bot. Und so geht es weiter bis zum Z, das die Grimms in ihrem Leben nie erreichten und ihn selbst zur Frage anregt, wie es denn ist mit dem «Ans-Ziel-Kommen», an welches genau eigentlich und überhaupt.

Genau darauf gibt weniger *Grimms Wörterbuch* eine Antwort als das wirklich letzte Buch, das nur noch dem Abschiednehmen gewidmet ist und schon im Titel das Thema der «Endlichkeit» aufwirft. Ausgeführt wird all dies in kürzeren und längeren Gedichten, kleinen Abhandlungen, autobiographischen Berichten, garniert mit eigenen Zeichnungen von verfaultem Laub, Obst, auch einmal Froschleichen. Ist das nun bedeutende oder schwache Literatur? Und wenn man es einfach als Versuch nimmt, Revue passieren zu lassen, was an Gelungenem und Misslungenem dieses Leben füllte? Oder auch, dass sich dieser alt gewordene Autor zu seinen Unzulänglichkeiten bekennt, wenn er über den Tropf berichtet, an den man im Krankenhaus den Pfeifenraucher hängte, und über die vielen Tabletten. Oder die weniger körperlichen als intellektuellen Schwachstellen, der Umgang mit den modernen Medien, das Surfen, Googeln, Twittern, denen gegenüber er sich «entmündigt» fühlt und sich «heimlich … mit dem Gänsekiel … vergnügt».

Grass wäre nicht Grass, wenn er nicht gegen all diese Widrigkeiten oder Irritationen die Hörner senken würde, nachhakt oder auch nachtritt, auch gegen die Politik in

Gestalt von «Mutti» Angela Merkel zum Beispiel oder der «Pleiten», die mit «Rettungsschirmen gedeckelt» wurden. Man kann dies, wie in der Kritik natürlich vermerkt, peinlich finden. Auch den längsten aller Beiträge über die eigene Bestattung, die er zusammen mit seiner Frau mit einem Pfarrer bespricht, von der Urne abkommt und zur Entscheidung für zwei Särge führt, die sogar angefertigt werden zum «Probeliegen». Immerhin folgt ein weiterer kleiner Beitrag, wonach die «Kisten» bei einem Einbruch als einzige Wertgegenstände gestohlen wurden und entsprechend das Ende wieder offenbleibt. Peinlich? Auf jeden Fall gemischt mit milderndem Sarkasmus.

Literaturverzeichnis

Im Folgenden ist lediglich die Spezialliteratur angegeben, auf die ich mich beim Schreiben gestützt habe. Sie soll auch zur weiteren und vertiefenden Lektüre anregen. Es versteht sich, dass viel Gelesenes den Hintergrund bildet, das im Einzelnen nicht aufzudröseln war.

Adriani, Götz: Renoir. Kunsthalle Tübingen 1996.

Adriani, Götz u.a.: Joseph Beuys. Köln 1994.

Alte Pinakothek München: Brueghel. Gemälde von Jan Brueghel d. Ä. München 2012.

Auerbach, Erich: Mimesis. Dargestellte Wirklichkeit in der abendländischen Literatur. Bern/München 1946.

Barz, Paul: Der wahre Schimmelreiter. Die Geschichte einer Landschaft und ihres dichtes Theodor Storm. Frankfurt/M. u.a. 1985.

Baumann, Felix u.a. (Hgg.): Cézanne. Vollendet. Unvollendet. Ostfildern-Ruit 2000.

Baur, Eva Gesine: Genießen mit Puccini. München 2004.

Bertaux, Pierre: Hölderlin und die Französische Revolution. Frankfurt/M. 1969.

Borgards, Roland und Harald Neumeyer (Hgg.): Büchner-Handbuch. Leben – Werk – Wirkung. Stuttgart/Weimar 2009.

Boßmann, Timm: Der Dichter im Schussfeld. Geschichte und Versagen der Literaturkritik am Beispiel Günter Grass. Marburg 1997.

Bozarth, George S.: Einleitung zu Johannes Brahms, Orgelwerke. München 2015.

Brandstetter, Gabriele (Hg.): Jacques Offenbachs *Hoffmanns Erzählungen*. Laaber 1988 (darin: Egon Voss: «Les Contes d'Hoffmann» nach 1881).

Caeyers, Jan: Beethoven. Der einsame Revolutionär. München 2012.

Dahms, Walter: Schumann. Berlin 1922.

Detering, Klaus: E. T. A. Hoffmann. Die großen Erzählungen und Romane. 2 Bde. Würzburg 2008.

Dieterle, Regina: Theodor Fontane. Biografie. München 2018.

Floros, Constantin: Peter Tschaikowsky. Reinbek bei Hamburg 2006.

Freeden, Max H. von: Balthasar Neumann. Leben und Werk. München/Berlin 1963.

Frommel, Luitpold Christoph: Michelangelo. Marmor und Geist. Regensburg 2014.

Garden, Edward: Tschaikowsky. Leben und Werk. Stuttgart 1986 (engl. Original 1973).

Gilliam, Bryan: Richard Strauss. Magier der Töne. Eine Biographie. München 2014 (engl. Original 1999).

Görtz, Franz Josef und Hans Sarkowicz: Erich Kästner. Eine Biographie. Hannover 1998.

Grimm, Jürgen: Molière. Stuttgart 2002.

Grimme, Dernst Günther: Jan Vermeer van Delft. Köln 1974.

Grohmann, Will: Paul Klee. Stuttgart 1954.

Hagen, Rose-Marie und Rainer: Pieter Bruegel d. Ä. um 1525–1569. Köln u.a. 1999.

Hinrichsen, Hans-Joachim: Franz Schubert. München 2011.

Hösle, Johannes: Molière. Sein Leben, sein Werk, seine Zeit. München/Zürich 1987.

Irmen, Hans-Josef: Joseph Haydn. Leben und Werk. Köln u.a. 2007.

Jacob, Heinrich Eduard: Joseph Haydn. Hamburg 1952.

Jacob, P. Walter: Jacques Offenbach in Selbstzeugnissen und Bilddokumenten. Reinbek bei Hamburg 1969.

Jensen, Jens Christian: Caspar David Friedrich. Leben und Werk. Köln 1974.

Keitel, Wilhelm und Dominik Neuner: Gioachino Rossini. München 1992.

Koldehoff, Stefan: Van Gogh. Mythos und Wirklichkeit. Köln 2003.

Korff, Malte: Johannes Brahms: Leben und Werk. München 2005.

Kreutzer, Maria: Rembrandt und die Bibel. Stuttgart 2003.

Kreuzer, Johann (Hg.): Hölderlin-Handbuch. Leben – Werk – Wirkung. Stuttgart/Weimar 2002.

Kurzke, Hermann: Thomas Mann. Das Leben als Kunstwerk. Eine Biographie. München 1999.

Lahme, Tilmann: Die Manns. Geschichte einer Familie. Frankfurt/M. 2015.

Matuschek, Oliver: Stefan Zweig. Drei Leben – Eine Biographie. Frankfurt/M. 2006.

Museum Folkwang Essen und Hamburger Kunsthalle: Caspar David Friedrich. Die Erfindung der Romantik. Essen/Hamburg 2006.

Néret, Gilles: Michelangelo. Köln u.a. 1999.

Nitsch, Wolfram: Der hohle Kopf. Don Quijote und die Technik. In: Miguel de Cervantes' *Don Quijote.* Hg. von Christoph Strosetzki. Berlin 2005.

Nowak, Leopold: Joseph Haydn. Wien 1951.

Pächt, Otto: Rembrandt. Hg. von Edwin Lachnit. München 1991.

Partsch, Susanna: Paul Klee. 1879–1940. Köln u.a. 2003.

Poppenberg, Gerhard: Nachwort zu Miguel de Cervantes' *Die Irrfahrten von Persiles und Sigismunda.* Berlin 2016.

Price, David Hotchkiss: Albrecht Dürer's *Renaissance.* Humanism, Reformation, and the Art of Faith. Ann Arbor 2003.

Renoir, Jean: Mein Vater Auguste Renoir. München 1962.

Reuther, Hans: Balthasar Neumann. Der mainfränkische Barockbaumeister. München 1983.

Roeck, Bernd: Leonardo. Der Mann, der alles wissen wollte. München 2019.

Rombeck, Hans und Wolfgang Neumann: Die Beatles. Ihre Karriere, ihre Musik, ihre Erfolge. Bergisch Gladbach 1977.

Roper, Lyndal: Der Mensch Martin Luther. Die Biographie. Frankfurt/M. 2016.

Safranski, Rüdiger: Schiller oder: die Erfindung des Deutschen Idealismus. München 2004.

Safranski, Rüdiger: Goethe. Kunstwerk des Lebens. München 2012.

Schneider, Norbert: Vermeer. 1632–1775. Köln u.a. 1999.

Schreiber, Ulrich: Opernführer für Fortgeschrittene. Die Geschichte des Musiktheaters. Das 19. Jahrhundert. Kassel 1991. Das 20. Jahrhundert I. Kassel 2000.

Schubert, Jochen: Heinrich Böll: Darmstadt 2017.

Schulz, Gerhard: Die deutsche Literatur zwischen Französischer Revolution und Restauration. 2. Teil: Das Zeitalter der napoleonischen Kriege und der Restauration 1806–1830. München 1989.

Schütz, Karl: Vermeer: Das vollständige Werk. Köln u.a. 2017.

Schwamborn, Ingrid: Schachmatt im brasilianischen Paradies. Die Entstehungsgeschichte der «Schachnovelle». In: Germanisch-romanische Monatsschrift 65, 1984.

Stackelberg, Jürgen von: Molière. Berlin 2010.

Warncke, Carsten-Peter (Hg.): Pablo Picasso. 1881–1973. 2 Bde. Köln 1993 (Anhang zu Leben und Werk von Ingo F. Walther).

Wolf, Norbert: Caspar David Friedrich. 1774–1840. Köln u.a. 2003.

Wolff, Christoph: Mozarts Requiem. Kassel 1991.

Wolff, Christoph: Johann Sebastian Bach. Frankfurt/M. 2000.

Zöllner, Frank: Leonardo da Vinci 1452–1519. Sämtliche Gemälde und Zeichnungen. Köln u.a. 2003.

Abbildungsverzeichnis

Das Signet des Schwabe Verlags ist die Druckermarke der 1488 in Basel gegründeten Offizin Petri, des Ursprungs des heutigen Verlagshauses. Das Signet verweist auf die Anfänge des Buchdrucks und stammt aus dem Umkreis von Hans Holbein. Es illustriert die Bibelstelle Jeremia 23,29:
«Ist mein Wort nicht wie Feuer, spricht der Herr, und wie ein Hammer, der Felsen zerschmeisst?»